Yvonne Weingarten

Gesund und fit im Leben

Gesundes Essen und Bewegung für Kinder - Ideen und Rezepte

Edition Dreieck

Zur raschen Orientierung sind viele Artikel mit Symbolen gekennzeichnet.
Sie haben folgende Bedeutungen:

Spielen 

Bildnerisches Gestalten (Basteln, Malen usf.) 

Sinneserziehung 

Bewegung, Sport 

Sachbegegnung, Experimente 

Rezept 

Musikalisches Angebot (Lied, Klanggeschichte usf.) 

Meditation, Fantasiereise usf. 

Vorlesen, Geschichte, Erzählung 

Sozialerziehung 

Religiöse Erziehung 

ISBN 978-3-88069-760-7
Yvonne Weingarten, Gesund und fit im Leben
Titel 60 der Reihe KREISEL

Druck: Anrop Ltd.
Die Titel der Reihe erscheinen alle vier Monate
(Februar, Juni, Oktober)

www.mellingerverlag.de
www.dreieck-verlag.de

EDITORIAL An die Töpfe, fertig, los! 5
ELTERNARBEIT Einladung zum Elternabend 7

E R N Ä H R U N G

SACHBEGEGNUNG Küchenführerschein 9
Bevor wir mit dem Kochen beginnen (Regeln) 14
Wie decke ich einen Tisch? 16
Entdeckungsreise Tischmanieren 18
Das aßen Oma und Opa, Uroma und Uropa 30
Ernte und Essen sei Dank 57

REZEPTE **Selbstgemachtes**
Vanillezucker 24
Tomatensauce 24
Pizzateig 25
Nudeln 26
Selbstgemachtes Basilikum-Pesto 26
Suppenwürze 24
Tolles aus Knollen
Selbstgemachte Kartoffelchips 27
Pommes frites selbst gemacht und wenig fett 27
Kohlrabi-Creme-Suppe 28
Sellerie-Birnen-Suppe 28
Fenchel-Apfelsinen-Apfel-Salat 29
Kartoffeln und Möhren 29
Suppen
Stangenbohnensuppe mit Kartoffelkuchen 32
„Dutsch" (Variante 1) 32
Wecksuppe 32
Kartoffelsuppe 33
Gebräunte Grießsuppe 33
Mehlklößchen als Suppeneinlage 34
Graupensuppe 34
„Breimehlsbrei" 34
Hauptgerichte
„Dutsch" (Variante 2) 35
Pellkartoffeln 35
Kartoffeln in Sauce 36
„Gehitschel" 36
Heringsdipp und Pellkartoffeln 37
Kartoffelklöße 39
„Gehobene" Plätzchen 40
Gedämpfte 40
Himmel und Erd' 41
Kastenriewes 41
Erbsenpüree 42
Süßes
Rosinen-Hefezopf oder -kringel 46
Eierkäs' 47
Apfelmus 47
„Neujährchen" 48
Buchweizen-Waffeln 48
Topfkuchen 49
Dutschklöße 49

Etwas für den Nachmittag
Selbstgemachter Wackelpeter 50
Bunte Ostereier (aus Wackelpeter) 50
Kuhflecken-Waffeln 51
Welsh Cake 51
Obstsalat 52
Apfel-Möhren-Muffins 52
Apfelsinengelee 53
Hefewaffeln 53
Gesunder Kuchen 54
Eierauflauf 54
Scones 55
Pikelets 56
Birnensorbet mit Traubensaft 56

ERZÄHLEN, (VOR)LESEN Achtung, Achtung! oder Das Sonntagsfrühstück 11

GEDICHTE Festessen 37
Ich will noch mal im Backhaus sein 43
Reime vom Essen und Trinken 63

GEBETE Tischgebet 39
Kleine Tischgebetesammlung 58

BILDNERISCHES GESTALTEN Tischset basteln 17
Hampelmann basteln 91

SINNESERZIEHUNG/MEDITATION Essen mit allen Sinnen 65
„Dunkelessen" 65
Gewürze erkennen 69
Ich gehe durch den Garten (Entspannungsgeschichte) . 70

SPIELEN Früchte-Memory 66

B E W E G U N G

ENTSPANNUNG/MEDITATION Tier-Yoga 72
Besuch im Zoo (Entspannungsgeschichte) 81
Die Waldwiese (Entspannungsgeschichte) 84
Fliegende Dose 105

SPIELLIEDER Zwei kleine Wölfe 86
Wishi ta tuja 88
Bauchmassage 106

BEWEGUNG Fahrrad fahren 90
Handfahrrad 90
Überkreuz-Werfen 90
Hampelmann 91
Dick-und-Doof-Übung 94
Überkopf-Schwingen 95
Katzen-Wettlauf 96
Überkreuzen mit Armen und Beinen 98
Über die Diagonale strecken 99
Bauch und Kopf 100
Affengeschrei 101
Verdrehte Arme 101
Die (liegende) Acht-Massage 102
Tierischer Bewegungsparcours 104

An die Töpfe, fertig, los!

Unverträglichkeiten von Nahrungsmitteln und damit verbundene Allergien sind heute weit verbreitet. Wir möchten in dieser Kreisel-Ausgabe mit Ihnen, den Eltern, ErzieherInnen und BetreuerInnen, Kindern schmackhafte und gesunde Speisen nahe bringen: Das gemeinsame Vorbereiten, Kochen und Essen steht dabei im Mittelpunkt neben dem zweiten Schwerpunkt, der Beweung.

Es ist schon bemerkenswert, dass man in Schulen von Rheinland-Pfalz die Schulobst-Aktion einführen musste, da wohl viele Kinder in ihrer Ernährung einen Mangel an frischem Ost und Gemüse haben. Bestimmt können Sie in Ihrer Einrichtung diesem Mangel schon vorbeugen und den Kindern Gemüse und Obst schmackhaft machen, indem Sie es z. B. als Finger-Food anbieten.

Gesundes Frühstück gibt es mittlerweile in vielen KiTas. Wir möchten auch gesundes Mittagessen oder Zwischenmahlzeiten einbinden, wobei es auch mal süß sein darf.

Es soll bewusst werden, dass es nicht immer Pizza oder Pommes sein müssen, die aus der Packung kommen. Hier darf ohne Fertigprodukte gekocht werden!

Vielleicht ist das für manches Kind eine vollkommen neue Erfahrung, weil es daran gewöhnt ist, dass der Reibekuchenteig aus dem Kühlregal, die Pommes aus der Tiefkühltruhe, die Tomaten-Mozarella-Sauce aus der Tüte oder die Erbsensuppe aus der Dose kommen.

Eine Kita-Leiterin berichtete mir einmal, dass Kinder ihrer Einrichtung sie fragten, was sie denn da mache, als sie Kartoffeln für ein Püree schälte. Auf ihr Nachfragen stellte sich heraus, dass diese Kinder nicht wussten, dass Kartoffeln geschält werden müssen, um Püree daraus zu machen. Später war einigen Kindern dieses Püree auch zu klumpig. Vermutlich, weil sie nur cremiges Püreepulver aus der Tüte kannten und kein gestampftes, das natürlich kleine Kartoffelstückchen enthält. Daraus wird ersichtlich, wie wenig viele Kinder heute mit „richtigem“ Kochen vertraut sind.

Kochen ist für die meisten Kinder wie ein Spiel, deswegen möchten sie dabei selbst Hand anlegen zu dürfen. Daher kann eine Projektzeit, die sich mit Kochen beschäftigt, neben einer gesunden Ernährung auch das Zubereiten dieser Speisen beinhalten.

Ein Küchenführerschein soll die Kinder zu einem aufmerksamen Umgang mit Messer, Herd, Mixer oder auch heißen Speisen anregen, ebenso zum bewussten Umgang mit Lebensmitteln. Kinder lieben es auch, beim Kochen aktiv zu sein, z. B. Kartoffeln zu schälen, Gemüse zu schneiden oder im Topf zu rühren.

Ein Bereich dieses Kreisels beschäftigt sich mit alten Kochbräuchen und den entsprechenden Rezepten. Hierüber kann man die Kinder dazu anregen, bei Eltern, Großeltern oder der alten Frau in der Nachbarschaft zu fragen, ob sie noch alte Rezepte kennen oder altes Geschirr besitzen. Beides könnten sie dann in die Einrichtung mitbringen. Der Abschluss dieses Projektes „So aßen unsere (Ur-)Großeltern“ kann neben einer Ausstellung der alten Gegenstände auch das Anbieten von Speisen und Getränken beinhalten, welche nach diesen alten Rezepten zubereitet wurden.

Alle Rezepte sind erprobt. Sollte vielleicht doch mal etwas schiefgehen, liegt es vielleicht am anderen Herd, Kochgeschirr o. ä., doch dafür können wir natürlich keine Gewähr übernehmen.

Bitte achten Sie beim Aussuchen der Zutaten auf bestehende Allergien oder Unverträglichkeiten. Eventuell tauschen Sie dann eine Zutat aus. Manchmal sind auch Alternativen aufgeführt.

Gestalten Sie Plakate mit den Kindern, auf denen die Zutaten in benötigter Anzahl bzw. die Mengen als Bilder abgebildet sind, sodass auch Kinder, die das Lesen noch nicht beherrschen, leicht mitmachen können. Gleiches kann mit den benötigten Küchenuntensilien geschehen. So wird es ein Leichtes für die Kinder, mitzuhelfen.

Sie dürfen den Kindern auch gerne eine Rezept-Sammlung der Lieblingsrezepte zusammenstellen. Damit sie auch noch später „alleine“ nachkochen können, wenn sie das Lesen erlernt haben, sind dort auch die Arbeitsmaterialien angegeben.

Weil es durch immer mehr ungesundes Essen – Fastfood, Fertigprodukte, Süßigkeiten – bei vielen Kindern zu Dickleibigkeit mit all ihren Folgeerscheinungen kommen kann, finden Sie auch zur anderen Komponente gesunden Lebens, der Bewegung, ein eigenes Kapitel mit dem Schwerpunkt auf Kinesiologie und Yoga. Diese Übungen machen die Kinder sehr gerne mit, weil sie sie mit Spaß erleben.

So leisten wir vielleicht einen Beitrag dazu, dass unsere Kinder ein Bewusstsein für gesundes Leben entwickeln.

Wir wünschen Ihnen und den Kindern viel Spaß beim Ausprobieren der Rezepte und Nachmachen der Übungen. Guten Appetit! und: Auf geht's!

Elternarbeit

Einladung zum Elternabend

Um den Eltern das Koch-und Bewegungsprojekt nahe zu bringen, damit auch sie diese Aktion zu Hause unterstützen und möglichst viel Frisches kochen und die Kinder zu Hause beim Kochen ihr Gelerntes zeigen lassen, sollte ein gemeinsamer Elternabend zu Beginn des Projektes stattfinden.

Aufgrund von spezieller Ernährung und von Bewegungsmangel neigen Kinder heute sehr oft zum Dickwerden. Ein wesenlicher Grund ist natürlich der durch Berufstätigkeit bedingte Zeitmangel der Eltern. Ein anderer aber auch die immer noch fehlende Aufklärung, sodass Eltern ihren Kindern das kochen, was sie, die Kinder, sich wünschen: Pizza, Pommes, Nudeln. So entgeht man natürlich auch dem unangenehmen, bei manchen ein schlechtes Gewissen verursachenden, nörgelnden Widerspruch der Kinder.

Ohne den Eltern zu nahe zu treten, sollten Sie versuchen, es ihnen schmackhaft zu machen, vielleicht einen Tag in der Woche auszuwählen, an dem sie mit ihrem Kind gemeinsam ein gesundes und frisches Essen zubereiten. Sozialer Nebeneffekt: Alleine durch die gemeinsame Tätigkeit der Essenszubereitung haben Eltern und Kind eine Familienzeit. Dies bedeutet den Kindern oftmals schon sehr, sehr viel.

Vielleicht gibt es ja auch Eltern(teile), die Sie in dem Projekt in der Weise unterstützen können, dass sie zu den gemeinsamen Kochzeiten in der Einrichtung anwesend sein möchten und mithelfen könnten.

Einladung zum Elternabend

Liebe Eltern!

In den nächsten Wochen werden wir mit Ihren Kindern ein Projekt rund um gesunde Ernährung und Bewegung durchführen.

Um Ihnen einen Einblick in unser Vorhaben zu ermöglichen und Ihnen Anregungen an die Hand zu geben, wie Sie Ihr Kind und uns unterstützen können, möchten wir Sie für den   um   Uhr zu einem Elternabend einladen.

Wir freuen uns auf Ihr Kommen.

Herzlichst
Ihr Kindergartenteam

Küchenführerschein

Die Vorbereitung auf diesen Küchenführerschein wird den Kindern sicher sehr viel Spaß machen, und gleichzeitig werden sie eine Menge lernen:

- Zeigen Sie den umsichtigen Gebrauch diverser Messer.
- Erklären Sie auch die Funktionen/Einsatzbereiche dieser Messer.
- Führen Sie die Kinder in den Gebrauch von Waage, Mixer, Küchenmaschine und Waffeleisen ein.
- Bringen Sie Ihnen den vorsichtigen Umgang mit Herd und Backofen nahe. Sie sollten lernen, dass sie Herd und Backofen nur zusammen mit einem Erwachsenen bedienen dürfen. Erarbeiten Sie, warum diese Geräte gefährlich werden können und worin die Gefahren bestehen. Lassen Sie die Kinder lernen, welcher Topf auf welche Herdplatte gehört. Wie stellt man einen Herd an, wann wieder aus?
- Vermitteln Sie die Erfahrung, wie mit heißen Kochtöpfen und Küchengeräten umgegangen werden muss, damit man sich nicht verbrennt.
- Finden Sie gemeinsam mit den Kindern heraus, warum die Kühlschranktür nicht offen stehen darf.
- Die Entdeckung, dass man sich auch im Gefrierschrank „verbrennen" (Gefrierbrand) kann, wird die Kinder in Erstaunen versetzen und die vorsichtige Herangehensweise fördern.

Zu vielen Fragen und Themen dieser Art und weiteren, die Sie sicherlich noch zusätzlich finden werden, erhalten die Kinder innerhalb des Küchenführers entsprechende Antworten.

Eine kleine „Prüfung" zum Schluss darf dann gekrönt werden mit dem Überreichen des Küchenführerscheines, für den Sie auf der folgenden Seite ein Muster finden, das Sie gerne kopieren dürfen, wenn Sie möchten.

Küchenführerschein

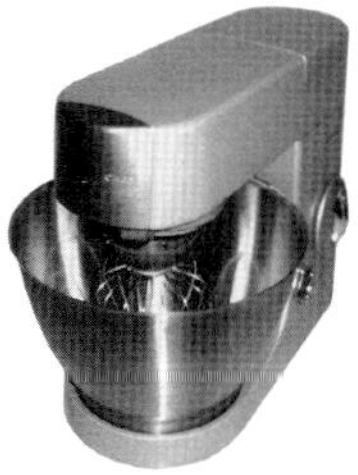

Dieser Küchenführerschein wird

____

Foto

für die erworbenen Küchenkenntnisse
überreicht.

____

Ort, Datum, Unterschrift

Geschichte zum Anhören und Nachbesprechen

Achtung, Achtung! oder Das Sonntagsfrühstück

Heute morgen in der Küche. Laura wollte für Ihre Eltern Frühstück machen. Leise schlich sie sich aus ihrem Zimmer in die Küche.

Alles sollte toll werden. Sie wollte die Toastbrote machen, die Brötchen aufbacken, leckeren Kaffee für ihre Eltern kochen, warmen Kakao für sich und ihren Bruder. Natürlich sollten auch Marmelade, Wurst, Käse und Butter auf den Tisch kommen. Die Frühstückseier durften auch nicht fehlen.

Sie hatte schon so oft bei ihrer Mutter gesehen, wie sie es machte. Und morgen wollte sie ja auch im Kindergarten davon erzählen.

Laura nahm einen ganz großen Topf aus dem Topfschrank und setze ihn auf den Herd. Welche Herdplatte musste sie denn nun anmachen? O, je. „Ach, ich mache mal alle an, dann sehe ich, welche richtig ist, wenn das Wasser für die Eier kocht", dachte Laura und drehte an allen Schaltern. Dann holte sie mit einem Messbecher Wasser am Wasserhahn der Küchenspüle und goss das Wasser in dem Topf. „Zischhhhhh", machte es und das Wasser spritzte. Was war das? Das hatte sie noch nie bei Mama so gehört. Na, ja. Nun schnell die Eier ins Wasser. Sie holte die Eier aus dem Kühlschrank und ließ die Tür weit offen stehen, da sie ja sowieso gleich noch Wurst, Käse, Butter und Milch brauchte. Also warum schließen? Sie nahm die Eier aus der Packung und ließ sie so durch ihre Hände ins heiße Wasser fallen. Au! Heiße Wasserspritzer waren auf ihre Hand gespritzt. Sie rieb sich die Hand an ihrem Schlafanzug. Irgendwie sah das Eierwasser trübe aus. Da schwamm etwas wie weißer Schaum drin. „Wird schon so richtig sein", dachte sie.

Jetzt mal die Toasts in den Toaster! Laura stieg auf einen Stuhl, um auf die Anrichte zu kommen, denn der Toaster war ganz oben im Schrank. Puh, das war aber hoch! Sie schaffte es gerade so, mit dem Toaster in der Hand wieder auf den Boden zu kommen. Stecker in die Steckdose und die Toasts in die Schlitze gestopft, anschalten!

Die Eier kochten, dass das Wasser hoch sprudelte und blubberte, aber die sollten ja auch gar werden. Und die anderen Herdplatten rochen so komisch.

Noch Kaffee und Milch machen, ach und auch die Brötchen aufbacken! Was nun zu erst? Laura entschied sich für die Brötchen. Ab in den Backofen damit, schön unten auf den Backofenboden gelegt und ... welcher Schalter? Ach, einfach noch mal drehen, einer wird der richtige sein.

Nun der Kaffee! Also, Mama mahlte das Pulver immer mit der elektrischen Mühle aus der Speisekammer. Dann auf! In die Küche damit, beim Herd war noch eine Steckdose frei. Laura stellte die Kaffeemühle auf den Herd und schaltete sie an. Während die Mühle mahlte, holte sie die Milch aus dem Kühlschrank und einen Topf aus dem Schrank. Sie füllte die Milch in den Topf, der randvoll wurde. Sie ging damit zum Herd, etwas schwappte bei jedem Schritt über, und stellte ihn darauf.

Irgendwie stank es in der Küche immer mehr. Bei Mama war das anders, wenn die kochte.

Wieder drehte sie an den Herdschaltern, um den Topf mit der Milch zu erwärmen.

Die Kaffeemühle war fertig. Sie nahm den Behälter mit dem Kaffeemehl heraus. Ach herrje, die Hälfte lag auf dem Herd und ... irgendwie sah die Kaffeemühle anders aus, als vorher, oder war die schon immer so?

Sie holte den Kaffeefilterhalter aus der Kaffeemaschine und schüttete das Pulver hinein. Noch Wasser rein. Fertig. Anmachen.

Dann fiel ihr auf, dass sie ja noch Kakao in die Milch geben wollte und kehrte mit dem Pulver zum Herd zurück. Hier kochte die Milch schon über. Milchschaum lief über den Herd und vorn runter. Was tun? Laura drehte wieder an den verschiedenen Herdreglern. Schnell ein paar Küchenhandtücher zum Aufwischen!

Sie merkte, wie ihr Herz ganz schnell zu klopfen begann. Das schöne Frühstück! Sie hatte sich in der Küche umgeschaut. Schlimm, wie es hier aussah. Wie sollte das alles wieder gut werden? Laura fing an zu weinen. Das hörte ihre Mutter und kam in die Küche.

Fragen zum Inhaltsverständnis der Geschichte

- Was ist Dir an dieser Geschichte aufgefallen?
- Darf man alle Herdplatten einfach so anstellen?
- Hat Laura den richtigen Topf genommen?
- Darf der Kühlschrank offen bleiben?
- Lässt man die Eier einfach so in das heiße Wasser fallen?
- Was ist das für ein weißer Schaum im Eierwasser gewesen?
- Darf man einen Stuhl als Leiter benutzen?
- Ist das ok, auf die Anrichte zu steigen?
- Arbeite ich alleine mit einem Elektrogerät?
- Warum kochten die Eier drunter und drüber?
- Aus welchem Grund rochen die Herdplatten?
- Liegen die Brötchen beim Aufbacken auf dem Backofenboden?
- Darf man einfach die Schalter drehen, wie man will?
- Ist es in Ordnung, etwas auf den Herd zu stellen, wenn die Platten an waren/ sind?
- Darf man Flüssigkeit randvoll in ein Gefäß gießen?
- Setzt man einen randvollen Topf auf den Herd?
- Warum sieht die Kaffeemühle anders aus?
- Was braucht man, um Kaffeemehl einzufüllen?
- Hat Laura die Küchenregeln eingehalten?
- Was wird wohl Lauras Mama gesagt haben, als sie in die Küche kam?
- Wie könnte die Geschichte ausgegangen sein?

Bevor wir mit dem Kochen beginnen

Besprechen Sie mit den Kindern grundsätzliche Regeln, die für das gemeinsame Kochen wichtig sind. Ein paar Anregungen finden Sie hier, die jedoch beliebig auf Ihre Bedürfnisse erweiterbar sind. Lassen Sie die Kinder ruhig Ideen für die Regeln mitsammeln, dann verstehen sie sie auch besser. Erstellen Sie ggf. mit ihnen zusammen eine Liste von Konsequenzen für den Fall, dass die Regeln – vor allem vorsätzlich – nicht eingehalten wurden.

Sie können den Kindern die Regelsätze auch aufschreiben und gemeinsam dazu ein passendes Bild malen. Oder Sie malen die Regeln ganz als Bildergeschichte auf einen großen Papierbogen. Dieses Plakat hängen Sie dann in der Küche auf.

Bevor wir kochen ...

... lesen wir das Rezept sorgfältig durch bzw. lassen es uns sagen und besprechen es.

... besorgen wir frische Zutaten.

... stellen wir alle nötigen Zutaten am Arbeitsplatz bereit.

... suchen wir alle nötigen Arbeitsutensilien zusammen und legen sie sorgfältig in Griffnähe.

... waschen wir unsere Hände.

... binden wir uns zum Schutz unserer Kleidung eine Schürze um.

... legen wir immer Topflappen in die Nähe, wenn wir heiße Speisen zubereiten.

Während des Kochens ...

... achten wir weiterhin auf saubere Hände.

... besprechen wir, was wir tun.

... befolgen wir das, was der Erwachsene uns sagt.

... gehen wir umsichtig mit scharfen Messern und anderen scharfen Gegenständen um.

… gehen wir vorsichtig mit heißen Töpfen, Pfannen, Herdplatten o. ä. um.
… stellen wir schmutzige Utensilien, die nicht mehr benötigt werden, in die Spülmaschine oder Spüle.
… räumen wir Gegenstände, wenn sie nicht mehr gebraucht werden, weg.
… wischen wir Verschüttetes oder kehren Heruntergefallenes auf.

Nach dem Kochen …

… schaffen wir in der Küche wieder Ordnung.
… spülen wir alle Kochutensilien oder räumen sie ordenlich in den Geschirrspüler.
… räumen wir die sauberen Sachen wieder an ihren Platz.
… kommen alle Gewürzdosen, Vorratsdosen usw. an ihren Aufbewahrungsort zurück.
… werden alle Arbeitsflächen und der Herd/Backofen gründlich gesäubert.
… verlassen wir die Küche wieder sauber und ordentlich. Die Schürze ist aufgehängt und auch die Hände sind noch einmal gewaschen.

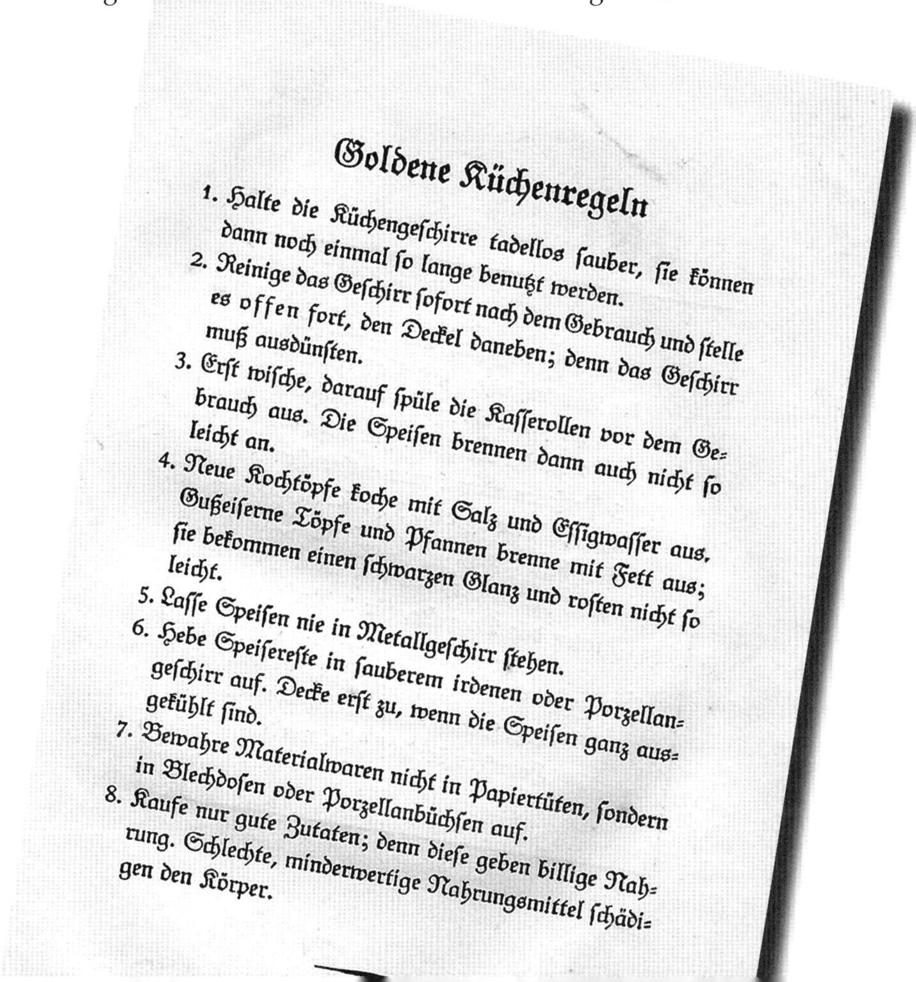

Goldene Küchenregeln

1. Halte die Küchengeschirre tadellos sauber, sie können dann noch einmal so lange benutzt werden.
2. Reinige das Geschirr sofort nach dem Gebrauch und stelle es offen fort, den Deckel daneben; denn das Geschirr muß ausdünsten.
3. Erst wische, darauf spüle die Kasserollen vor dem Gebrauch aus. Die Speisen brennen dann auch nicht so leicht an.
4. Neue Kochtöpfe koche mit Salz und Essigwasser aus. Gußeiserne Töpfe und Pfannen brenne mit Fett aus; sie bekommen einen schwarzen Glanz und rosten nicht so leicht.
5. Lasse Speisen nie in Metallgeschirr stehen.
6. Hebe Speisereste in sauberem irdenen oder Porzellangeschirr auf. Decke erst zu, wenn die Speisen ganz ausgekühlt sind.
7. Bewahre Materialwaren nicht in Papiertüten, sondern in Blechdosen oder Porzellanbüchsen auf.
8. Kaufe nur gute Zutaten; denn diese geben billige Nahrung. Schlechte, minderwertige Nahrungsmittel schädigen den Körper.

Wie decke ich einen Tisch?

Das Tischdecken ist eine Alltagsfertigkeit, bei der Kinder schon im spielerischen Umgang Zahlen und Zählen lernen können. Sie müssen hierbei schauen, wie viele Personen mitessen, was entsprechend an Besteck, Tellern oder Trinkgefäßen benötigt wird. Es muss entschieden werden, was gedeckt wird: Tasse oder Glas, Suppenteller und/oder Essteller oder Dessertteller, Suppenlöffel, Messer oder vollständiges Besteck. Wird eine Nachtischschale benötigt?

Leider werden vielen Kindern aufgrund von Zeitmangel oder geringen Zutrauens diese Aktivitäten verwehrt. Es muss oft schnell gehen, da ist keine Zeit, dass das Kind überlegen kann, was nun eingedeckt wird. Oft ist es auch so, dass der Tisch schon fertig gedeckt ist, wenn es zum Essen kommt. Es kann aber auch sein, dass ihm einfach nicht zugetraut wird, sorgfältig mit Porzellan oder Glas umgehen zu können. Es gibt genügend Kinder, die noch bis in die Grundschulzeit aus eben diesen Gründen von Kunststofftellern essen und aus Kunststoffbechern trinken. Darüber hinaus bekommen sie aus den gleichen Gründen auch noch das Brot geschmiert und das Essen zerkleinert, weil ihnen nicht beigebracht wurde, selbstständig zu essen. Vielfach wird diese Verantwortung ja auch Ihnen auferlegt.

Natürlich ist das Ziel erst einmal, einen „normalen" Tisch einzudecken und nicht eine festliche Tafel.

Gehen Sie es spielerisch mit den Kindern an:

Material:

Gedecke und Bestecke entsprechend der Kinderzahl

Vorgehensweise:

Konkretisieren Sie, zu welcher Gelegenheit (Frühstück, Mittagessen, Nachmittagskaffee oder Abendbrot) jetzt eingedeckt werden soll und was es zu essen/trinken gibt. Zum Frühstück z. B. Müsli oder Brot und Kakao.

Für den Mittagstisch wäre Eintopf, nur Hauptgang mit Kartoffeln, Gemüse und Fleisch oder aber auch komplett von Vorsuppe über Hauptgang mit späterem Nachtisch möglich. Die Kinder haben anhand Ihrer Anweisung nun die Möglichkeit, den Tisch für sich bereit zu machen. Das Ergebnis sollten Sie dann besprechen und ggf. nachbessern.

Und auf geht es zur nächsten Runde! Wenn Sie dies öfter mit den Kindern gemacht haben, können Sie auch einen Wettbewerb daraus veranstalten.

Lassen Sie die Kinder so oft wie möglich beim Tischdecken helfen!

Vielleicht möchten Sie mit den Kindern auch entsprechend der Abbildung unten Tischsets basteln, die sie in der Einrichtung benutzen können. Bestimmt lässt sich auch noch ein zweites für zu Hause gestalten.

Tischset basteln

Material:

festerer, waschbarer Stoff evt. schon zugeschnitten auf ca. 40 x 30 cm oder entsprechendes Wachstuch (Sie können natürlich auch schon fertige Sets kaufen, doch selbstgemachte könnten schöner sein.), wasserfeste Farben/Farbstifte

So geht's:

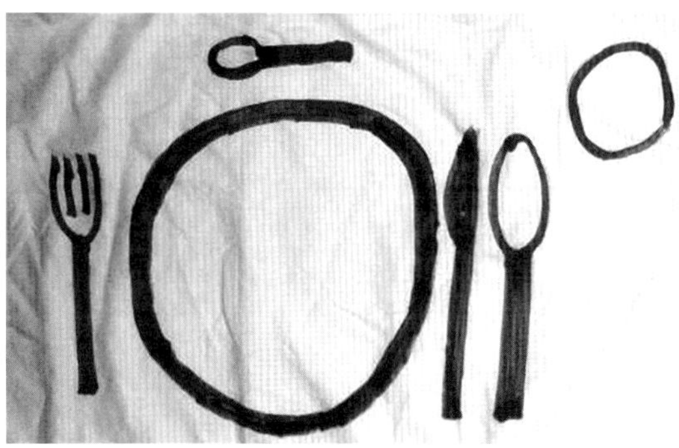

Den Stoff oder das Wachstuch auf entsprechende Größe zuschneiden. Vielleicht möchten Sie und die Kinder erst z. B. mit Hilfe der Spritztechnik oder des Kartoffeldrucks noch Muster auf den Stoff/das Wachstuch anbringen.

Lassen Sie dann die Kinder mit Ihrer Hilfe die Positionen von Teller, Tasse/Glas und Besteck darauf mit wasserfesten Stiften malen. Ggf. mit einem dünnen Stift schon vorzeichnen.

Bei Creawalz z. B. gibt es fertige Stoffsets zu kaufen, die dann nur noch gestaltet werden müssen.

Nun hat jedes Kind sein individuelles Tischset, welches es bei jeder Mahlzeit in der Einrichtung verwenden kann. Ist es mal verschmutzt, lässt es sich gut entweder abwaschen und in der Waschmaschine säubern.

Entdeckungsreise Tischmanieren

Tischmanieren? Was ist das?

Stellen Sie diese Frage doch mal in einer Kinderrunde oder am vorbereiteten Elternabend. Es könnte sehr interessant sein, was sich da so zusammentragen lässt. Möglicherweise gibt es schon innerhalb ihres Teams – je nach Alter – sehr unterschiedliche Ansichten.

Genauso unterschiedlich werden Sie es wahrscheinlich auch in der täglichen Praxis erleben: Einerseits sind da Kinder, die für ihr Alter schon sehr still bei Tisch sitzen, das Besteck gut und sicher handhaben können und von denen man Schmatzen, Schlürfen und Rülpsen so gut wie nie hört. Und dann haben Sie das andere Extrem mit Kindern, die mit den Fingern essen, egal, was es gibt, die alle Geräusche des Essens noch extra verstärken, auf dem Stuhl schaukeln, während des Essens dauernd wieder aufspringen, um „wichtige Dinge“ zu erledigen oder gar mit dem Essen um sich werfen.

Dazwischen befindet sich wohl der größte Anteil der Kinder. Viele Kinder haben aufgrund mangelnder Zeit und Geduld aber auch Bequemlichkeit wie Unwissen der Eltern wenig Kontakt mit angebrachten Essenssitten bis zum Kita-Eintritt erhalten. Es gibt sogar Eltern, die die Vermittlung von Tischmanieneren für die Aufgabe Ihrer Einrichtung halten.

Starten Sie mit den Kindern doch einmal eine „Reise“ in die verschiedenen Tischgepflogenheiten. Wenn Kinder mit ausländischem Hintergrund in Ihrer Kita sind, kann man ja auch die Gewohnheiten aus ihrem Herkunftsland an besonderen Tagen praktizieren. Z. B. „Heute essen wir mal wie in China oder der Türkei“.

So können die gemeinsamen Mahlzeiten mit angemessener Einhaltung der entsprechenden Tischsitten zum Spaß für alle werden, ohne dass jemand permanent nörgelt, unschön isst oder die anderen durch unstattliche Geräusche stört.

Übrigens sollte nicht vergessen werden, dass alle vor jeder Mahlzeit die Hände waschen und sich nach Möglichkeit in akzeptabler Kleidung zum Tisch einfinden.

Vielleicht möchten Sie auch mal eine „Flegelmahlzeit" in Ihr Projekt mit einplanen, eine Mahlzeit, bei der ausnahmsweise alles erlaubt ist, was sonst unschicklich ist. Diese Mahlzeit sollte sich aber stark von den anderen abheben, sodass die Kinder einschätzen können, dass dies nicht das Übliche ist.

Wie verhalte ich mich bei Tisch?

Dass Manches noch nicht von Anfang an so klappt, ist vollkommen in Ordnung, doch sollten Sie die Kinder immer wieder sanft auf die Ordnung bei Tisch hinweisen.

Erklären Sie den Kindern Ihrer Gruppe außerhalb einer Mahlzeit die unten genannten Regeln. Zeigen Sie, was zu zeigen ist, und lassen Sie es die Kinder auch nachmachen, damit sie ein gutes Gespür für die Regeln entwickeln.

Seien Sie selbst ein gutes Beispiel beim Essen, denn die Kleinen lernen ja am Modell, und vielleicht sind Sie das einzige Modell, das sie haben.

In unseren Breiten sind im Allgemeinen folgende Verhaltensweisen bei Tisch üblich:

- Wir finden uns gemeinsam und pünktlich zur Mahlzeit ein

- Wir bleiben bei der Mahlzeit bei Tisch sitzen und bitten andere darum, uns das Gewünschte (Getränk oder Speise), das in ihrer Nähe steht, zu reichen.

- Wir sitzen, flegeln uns nicht hin oder legen gar die Füße auf den Tisch.

- Beide Hände liegen während des Essens links und rechts neben dem Teller, jedoch nur mit den Handgelenken, es ist nicht der ganze Unterarm aufgelegt oder der Ellbogen aufgestützt.

- Beim Essen schmatzen und rülpsen wir nicht oder bohren in der Nase.

- Essen dient dazu, uns am Leben zu halten, deswegen gehen wir sorgfältig mit unseren Speisen um. Wir unterlassen das Spiel damit und nehmen nicht mehr auf den Teller, als wir voraussichtlich essen können.

- Sollte eine Serviette vorhanden sein, dient diese zum Schutz der Kleidung und wird auf den Schoß gelegt. Ansonsten benutzen wir sie, um den Mund während und nach dem Essen abzutupfen und sie danach ordentlich links neben dem Teller abzulegen.

- Das Besteck wird locker und nicht krampfhaft festgehalten. Da viele Kleinkinder noch mit der ganzen Hand das Besteck fassen, ist hier ein langsamer Übergang zum lockeren Umfassen des Bestecks ein Übungsfeld.

- Besteck, das zwischendurch nicht benutzt wird, legt man gekreuzt auf den Teller. D. h. „Ich esse gleich noch weiter". S. u.!

- Wir fangen gemeinsam an zu Essen.

- „Mit vollem Mund spricht man nicht." Dieser Satz ist wohl selbst den Kleinsten bekannt. Dazu gehört auch, dass der Mund nicht zu voll gestopft wird.

- Wir halten uns aufrecht und führen das Essen mit dem Besteck und das Getränk mit dem Gefäß zum Mund und nicht den Kopf zum Teller oder Gefäß.

- Kartoffeln teilt man bei uns üblicherweise mit der Gabel.

- Fleisch schneiden wir für jeden Bissen neu ab, dabei sticht man die Gabel mit dem Gabelrücken nach oben in das abzuschneidende Stück und zerteilt es hinter der Gabel.

- Wir trinken, wenn der Mund leer ist, ohne jedoch das Glas in einem Zug auszutrinken.

- Wir legen das Besteck diagonal über den Teller, wenn wir unsere Mahlzeit beendet haben. Die Messerschneide zeigt dabei zur Gabel hin.

- Wir bleiben sitzen, bis alle fertig gegessen haben, dann dürfen wir uns gemeinsam erheben und räumen den Tisch ab.

Andere Länder, andere Sitten, auch bei Tisch

Nicht immer finden wir gleiche Gepflogenheiten wie bei uns. So ist es z. B. im skandinavischen oder angelsächsischen Raum üblich, dass die linke Hand beim Essen im Schoß liegt.

Wenn Sie also Kinder anderer Herkunftsländer haben, lassen Sie sie doch erzählen, wie man sich dort bei Tisch verhält. Hier finden Sie ein paar Beispiele, die Sie mit den Kindern besprechen können.

• ***In Polen*** wird Pünktlichkeit erwartet. Außerdem ist es dort üblich, von allen angebotenen Speisen zumindest zu probieren, und es zeugt von Unhöflichkeit zu sagen, wenn etwas nicht schmeckt.

• ***In Italien*** nimmt man es nicht allzu ernst, wenn jemand zu spät zum Essen kommt. Wie in anderen südlichen Ländern wird gerade das Abendessen meist wesentlich später eingenommen, als bei uns. Wenn man eingeladen ist, weist der Gastgeber einem den Tischplatz zu.

Aus Italien kennen wir im Wesentlichen Pasta und Pizza. Dort aber ist z. B. die Pasta nur ein Bestandteil der Essensabfolge. Mittagessen (pranzo) und Abendessen (cena) bestehen in der Regel aus vier Abschnitten: Es beginnt mit Antipasti (Vorspeisen). Dann folgt der Primo (1. Gang) meist bestehend aus Pasta, Reis oder Suppe. Daran schließt sich das Secondo (2. Gang) mit Fleisch oder Fisch mit Gemüse oder Salat an. Dazu reicht man Weißbrot. Kartoffeln gibt es in der Regel nicht dazu. Schließlich kommt das Dolce („Süßes“ = Dessert). Zum Abschluss trinken Erwachsene einen Grappa (Schnaps) und/oder Cafè (Espresso).

• ***Türken*** essen die Speisen fast ausschließlich lauwarm. Der übliche Tee wird so lange nachgegossen, bis man den Löffel quer über die Tasse oder das Teeglas legt.

Nase putzen beim Essen ist verpönt und die Schuhe werden im privaten Bereich ausgezogen.

• Bei den ***Indern*** gilt die Sitte, dass beim Betreten des Hauses bzw. der Wohnung die Schuhe ausgezogen werden und nie eine Schüssel mit der linken Hand angenommen wird, weil sie als unrein gilt. Es wird immer eine große Auswahl an Essen angeboten, von der man reichlich nehmen darf. Während des Essens darf man in Indien rülpsen!

• In *China* wird mit Stäbchen gegessen, die bei Nichtgebrauch auf speziellen Bänkchen gerade nebeneinander abgelegt werden. Es ist unhöflich, mit den Stäbchen etwas aufzuspießen, ebenso darf man sie nicht überkreuzen oder in die Ess-Schale legen.

Da auch die Chinesen, besonders wenn Gäste da sind, reichlich Essen auftischen, sollte man dort auch von jedem Essensangebot zumindest etwas probieren. Hier ist es durchaus üblich, beim Essen zu schmatzen oder zu schlürfen, jedoch darf man dort nicht bei Tisch die Nase putzen.

Weitere Infos auch unter www.knigge.de

Tischmanieren-Wettbewerb

Das Thema Tischmanieren beginnt beim Decken des Tisches (Wie und was wird auf den Tisch gestellt?) bis hin zum gemeinsamen schönen Essen und gemeinsamen Abdecken des Tisches.

Die Kinder erhalten nun die Möglichkeit, ihr Können im Rahmen eines Tischmanieren-Wettbewerbs unter Beweis zu stellen.

Nach einem gemeinsamen Essensplan wird z. B. erst gekocht.

Danach sollen die Kinder, die in Gruppen eingeteilt sind, jeweils ihren Tisch mit dem Benötigten so eindecken, dass alles schön und ordentlich aussieht.

Die Gruppen essen dann auch gemeinsam, so wie Sie es vorher mit ihnen besprochen und auch schon immer wieder durchgeführt haben.

Nach den Essen decken sie dann gemeinsam den Tisch wieder ab und bringen alles in die gewünschte Ordnung zurück.

Das Ganze wird von Ihnen nach einem entsprechenden Punkteplan „bewertet". Dieser Punkteplan kann vorher gut mit den Kindern erearbeitet werden.

Ein guter Beitrag zur sozialen Erziehung ist es, wenn die Kinder auch bewerten dürfen. Und zwar sich selbst und die anderen.

Und natürlich müssen dann die Siegergruppen gekürt werden. Als Belohnung gibt es für alle Kinder eine Siegerparty mit z. B. einem selbstgemachten Eis.

Es sollte zu Beginn natürlich festgelegt sein, nach welchen Tischsitten Sie den Wettbewerb starten. Bestimmt macht es auch Spaß, mal nach chinesischer Sitte mit entsprechendem Essen den Wettbewerb durchzuführen. Schauen Sie doch einfach mal, wo Sie „Profis" aus der Kultur haben, die gerne weiterhelfen. Ansonsten ist es auch toll, gemeinsam etwas Neues auszuprobieren und sich auszutauschen.

Beispiel für den Punkteplan

Tischmanieren-Wettbewerb		
	mögl. Sterne	gesamt
Tisch ist ordentlich gedeckt.		
Alle haben sich ordentlich hingesetzt.		
Alle haben ordentlich mit Besteck gegessen.		
Niemand hat gerülpst oder geschrieen.		
Der Tisch wurde ordentlich abgeräumt.		
Tisch und Stühle sind sauber hinterlassen worden.		
	Alle erhalten Sterne	

Rezepte

Wenn nicht anders angegeben, sind die Rezepte für vier Personen.

Selbstgemachtes

Vanillezucker

Arbeitsmaterial:

Kleines Küchenmesser, Schneidebrett, gut verschließbarer Kunststoffbehälter

Zutaten:

1 kg Rohrzucker
1 Vanilleschote

Zubereitung:

Die Vanilleschote auf dem Schneidebrett aufschneiden. Mark auskratzen und mit der in kleine Stücke geschnittenen Schote in den Zucker mischen.
Mindestens zwei Wochen ruhen lassen.
(Es reicht auch die leere Schote allein. Dann länger ruhen lassen.)

Tomatensauce

Diese Sauce ist optimal als Grundlage zur Pizza.

Arbeitsmaterial:

Schneidebrett, Gemüsemesser, Kochtopf, Kochlöffel, Pürierstab

Zutaten:

1 Zwiebel
2 Knoblauchzehen
500 g Tomaten (am besten frische)
frische Gewürze wie Oregano, Basilikum und Rosmarin
Salz und Pfeffer aus der Mühle

Zubereitung:

Die Zwiebel und die Knoblauchzehen enthäuten und klein schneiden. Tomaten waschen und in Würfelchen schneiden.
Die Kräuter waschen und hacken.
Alles in den Topf mit etwas Wasser geben, damit es nicht anbrennt und bei mittlerer Hitze ca. 15 – 20 Min. köcheln lassen.
Mit Salz und Pfeffer abschmecken.
Abkühlen lassen und mit dem Pürierstab zerkleinern.

Pizzateig

Dieser Pizzateig bildet die Grundlage für Pizzen, die in allen Variationen belegt werden können. Lassen Sie die Kinder ihre Vorschläge bringen, was alles auf die Pizza soll. Das kann von herzhaft bis süß sein, also z. B. Belag von Salami oder auch Apfel. Dieser Teig kann auch verwandt werden, um Pizzabrot, Fladen oder Flammkuchen zuzubereiten.

Arbeitsmaterial:

Teigschüssel, Messbecher, Waage, Teelöffelchen, Schüssel für die Hefe, Teigschaber, Mixer/Küchenmaschine mit Knethaken, Pizzablech/Backblech oder kleine Tarteförmchen

Zutaten:

700 g Dinkelmehl
½ Tl Salz
½ P. frische Hefe
150 ml lauwarmes Wasser für die Hefe
300 ml lauwarmes Wasser

Zubereitung:

Die Hefe in die Schüssel zerbröseln und mit dem lauwarmen Wasser gut verrühren. An einem warmen Platz ca. 15 Min. gehen lassen.
Das Mehl mit dem Salz in die Teigschüssel geben, die gegangene Hefe und das weitere Wasser mit dem Mehl vermischen und ca. 10 Min. gut verkneten.
Den Teig nun zugedeckt ca. 1 Std. an einem warmen Ort gehen lassen. Danach nochmals gut durchkneten.
Der Teig kann nun in den unterschiedlichen Varianten verwandt werden.
Auf ein eingeöltes Blech legen und nochmals etwas gehen lassen. In der Zwischenzeit den Backofen auf ca. 220 °C vorheizen.
Ca. 15 – 20 Min. backen.

Varianten:

- Formschön sehen auch die kleinen Pizzen aus, die in Tarteförmchen gebacken oder aus dem Teig als kleine runde Taler ausgestochen und dann belegt werden. Sie eignen sich besonders für Kinder, da die Portion überschaubarer ist.
- Für die Fladen unter den Teig Kräuter nach Geschmack oder auch etwas selbstgemachte Tomatensoße mischen und dann zu Fladen formen. Wie oben backen. Ideal als Beilag zu einem Salat oder einer Suppe, aber auch für das kleine Picknick mit den Kindern.

Nudeln

Arbeitsmaterial:

Küchenmaschine oder Mixer mit Schüssel, Nudelholz, Teigrädchen oder Messer

Zutaten:

300 g Dinkelmehl
3 El Wasser
2 Eier
etwas Salz

Zubereitung:

Alle Zutaten zu einem geschmeidigen Teig verkneten und etwas ruhen lassen. Nudelteig in Portionen auf einer bemehlten Fläche dünn ausrollen und von den Kindern mit Messer (Teigrädchen) in Streifen, Rechtecke oder andere Formen schneiden lassen. Man kann ihn auch mit Plätzchenausstechern ausstechen. Die Nudeln werden dann ca. 10 – 15 Min. in Salzwasser gekocht. Soll der Teig farbig werden, geben Sie z. B. Tomatenmark oder gekochten, pürierten Spinat dazu.

Selbst gemachter Basilikum-Pesto

Zu den selbst gemachten Nudeln schmeckt natürlich auch selbst gemachter Pesto.

Arbeitsmaterial:

Reibe, Messerchen, Schneidebrett, Mörser oder Passierstab, 2 Esslöffel, Schüsselchen

Zutaten:

2 Knochlauchzehen
1 Bund frischer Basilikum
2 El Olivenöl
6 El geriebener Käse (Emmentaler/Parmesan gemischt oder einzeln)
etwas Salz

Zubereitung:

Den Käse fein reiben. Knoblauchzehen abziehen und grob zerhacken (alternativ mit dem Passierstab zerkleinern).
Das Basilikum waschen, die Blättchen abzupfen und mit dem Knoblauch im Mörser zerstoßen (alternativ mit dem Passierstab vermischen).
Nach und nach das Öl hinzugießen und langsam den geriebenen Käse einrühren.

Suppenwürze

Arbeitsmaterial:

Schüssel, Pürierstab, gut verschließbarer Kunststoffbehälter

Zutaten:

700 g Suppengemüse
100 g feines Meersalz

Zubereitung:

Gemüse und Salz gut mischen und mit dem Pürierstab fein zerkleinern.

Tolles aus Knollen

Hier geht es um nicht alltägliche Rezepte aus Kartoffeln und anderen Knollen: Rezepte von Suppen bis zu selbstgemachten Chips. Aber die und auch Pommes müssen nicht immer fett sein!

In der Herbst- und Winterzeit stellen Knollengemüse wichtige Lieferanten für Vitamine und Nährstoffe dar. Hierzu gehören u. a. Gemüse wie Karotten, Kartoffeln, Rote Bete, Schwarzwurzel, Fenchel und Knollen-Sellerie oder Steckrüben.

Vor allem zu Kartoffeln finden Sie ab S. 35 bei den Hauptgerichten noch viele zusätzliche Rezepte.

Selbstgemachte Kartoffelchips

Arbeitsmaterial:

Schälmesser, Gemüsemesser, Backblech, Backfolie oder Backpapier, Pfannenwender, Topflappen, Untersetzer, Schüsseln

Zutaten:

Kartoffeln je nach Personenzahl
etwas Öl
Salz
Paprika oder Tomatenwürzsalz

Zubereitung:

Die Kartoffeln schälen und danach in Scheiben schneiden. Die Kartoffelscheiben in einer Schüssel mit etwas Öl beträufeln und durchschütteln. Nun die Kartoffelscheiben auf das mit Backpapier ausgelegte Backblech legen und in den auf 200 °C erwärmten Backofen schieben.
Die Kartoffelchips so lange backen, bis sie schön knusprig braun sind. Zwischendurch wenden.
Die fertigen Chips in eine mit Küchenkrepp ausgelegte Schüssel geben und mit Paprika und Salz etwas würzen.
Am besten noch warm essen.

Variante:

Pommes frites – selbst gemacht und wenig fett

Zubereitung:

Hierfür bei der Zubereitung die Kartoffeln in Achtel oder pommesähnliche Stückchen schneiden. Ansonsten wie oben. Die Kartoffeln schälen und danach in Scheiben schneiden. Die Kartoffelscheiben in einer Schüssel mit etwas Öl beträufeln und durchschütteln. Nun auf das mit Backpapier ausgelegte Backblech legen und in den auf 200 °C erwärmten Backofen schieben.

Kohlrabi-Creme-Suppe

Arbeitsmaterial:

Gemüseschäler, Gemüsemesser, Schneidebrett, großer Topf, Kochlöffel, Löffel

Zutaten:

400 g Kohlrabi
100 g Kartoffeln
2 El Margarine
2 Zwiebeln
500 ml Gemüsebrühe
Salz
Pfeffer
Muskat
200 ml Sojacreme oder laktosefreier Schmand

Zubereitung:

Kohlrabi und Kartoffeln schälen und in Stücke schneiden. Zwiebeln würfeln und in dem geschmolzenen Fett glasig dünsten. Kohlrabi und Kartoffeln mit andünsten und dann mit der Gemüsebrühe aufgießen
Ca. 30 Min. köcheln lassen. Abschmecken und Schmand oder Sojacreme einrühren.

Sellerie-Birnen-Suppe

Arbeitsmaterial:

Schälmesser, Gemüsemesser, Schneidebrett, großer Topf, Kochlöffel, Pürierstab, Topflappen, Untersetzer

Zutaten:

1 kg Sellerieknolle/n
1 kg Birnen
1 Ingwerstück nach Geschmack
Gemüsebrühe

Zubereitung:

Die Sellerieknolle und Birnen schälen und danach in Stücke schneiden. Bei den Birnen das Gehäuse entfernen.
Ca. 1,5 l Wasser in den großen Topf füllen und das Gemüse mit Obst hineingeben. Das Ingwerstück schälen und klein schneiden. Ebenfalls zugeben und alles mit Gemüsebrühe zum Kochen bringen. Ca. 30 Min. kochen. Danach pürieren und nochmals abschmecken.

Fenchel-Apfelsinen-Apfel-Salat

Arbeitsmaterial:

Gemüseschäler, Gemüsemesser, Schneidebrett, Küchenschüssel, Löffel, Salatschüssel, Salatbesteck

Zutaten:

500 g Fenchel
je 2 Äpfel und Apfelsinen
4 El Öl
4 El Essig
5 El Wasser
Salz
Pfeffer

Zubereitung:

Aus Öl, Essig, Wasser, Pfeffer und Salz eine Salatsoße herstellen.
Fenchel waschen, braune Stellen entfernen und in feine Streifen schneiden.
Apfelsinen und Äpfel schälen. Bei den Äpfeln das Kerngehäuse entfernen.
Obst in Würfel schneiden und mit dem Fenchel in der Salatschüssel mischen.
Sauce darübergießen.
Evt. mit Salz und Pfeffer bzw. Apfelsaft abschmecken.

Kartoffeln und Möhren

Arbeitsmaterial:

Schälmesser, Gemüsemesser, Schneidebrett, großer Topf, Gabel zum Wenden, Kochlöffel, Kartoffelstampfer oder Pürierstab, Topflappen, Untersetzer

Zutaten:

1 kg Möhren
500 g Kartoffeln
ca. 500 g geräucherter Schinken oder Bauchfleisch
Salz
Pfeffer
Muskat
etwas Butter

Zubereitung:

Möhren und Kartoffeln schälen und klein schneiden. Den Schinken in den Topf geben und bei kleiner Hitze etwas auslassen. Möhren und Kartoffeln zugeben und mit soviel Wasser aufgießen, dass das Gemüse bedeckt ist. Salz beifügen und ca. 20 - 30 Min. kochen lassen.
Einen großen Teil des Kochwassers abgießen, das Fleisch herausnehmen und das Gemüse stampfen/pürieren. Evt. noch etwas Kochwasser beigeben. Ca. 1 El Butter unterrühren, mit Salz, Pfeffer und Muskat abschmecken.

Das aßen Oma und Opa, Uroma und Uropa

Viele der Gerichte und Kuchen in diesem Kreisel sind einfache Essen aus alten Bauernhaushalten. Hier wurde das Selbsterwirtschaftete wie Milch, Eier, Getreide, Fleisch von Kuh und Schwein oder Gemüse und Obst aus dem Garten selbst verarbeitet. Man hat versucht, sich mit den eigenen, bescheidenen Mitteln das ganze Jahr zu ernähren, ohne viel dazu zu kaufen, da das meist auch zu teuer war.

Oftmals wurde morgens schon ein warmer Brei anstatt Brot gereicht. Bei vielen Mahlzeiten kam einfach der Topf auf den Tisch und jeder hatte sein entsprechendes Besteck, mit dem gemeinsam aus diesem einen Topf gegessen wurde. Heute für vielen Menschen undenkbar! Es hatte aber auch den Vorteil, dass man wenig Porzellan benötigte und ebenso wenig abwaschen musste. Dies war auch aufgrund von „Sparmaßnahmen" nötig, denn es gab ja noch kein fließendes Wasser in den Häusern. Wer Glück hatte, der nannte vielleicht eine Quelle mit Pumpe beim Haus sein Eigen. Doch normalerweise musste man mit Krügen oder Eimern zum Dorfbrunnen laufen, um dort das Wasser zum Kochen oder Abwaschen zu holen. Ich kann mich noch erinnern, dass meine Oma in der Küche kein Wasser und auch keine Spüle hatte. Dort wurde selbst noch vor weniger als zwanzig Jahren das Wasser auf dem Herd erwärmt, in eine Schüssel auf dem Küchentisch gegossen und das Geschirr dort gespült.

Butterfass zur Butterherstellung

So wurde meist auch noch auf Herden gekocht, die mit Holz beheizt wurden. Einiges Kochgeschirr, aber auch Kuchenformen waren aus so genanntem Gusseisen, ein sehr schweres Material, das aber auch sehr gut die Wärme speicherte. Bestecke oder Schöpfkellen waren oftmals aus Aluminium, aber es gab auch einiges, das emailliert war, d. h. das Metall wurde mit einer Art Glasur überzogen. Meistens waren das Kannen, Töpfe oder Becher.

Aufbewahrungsgefäße waren aus Steingut, und die elektrischen Küchenhelfer, wie wir sie heute kennen, gab es nur in „besseren" Haushalten, dort, wo mehr Geld zur Verfügung stand. Bei den ärmeren Menschen waren Werkzeuge ganz einfach. Kühlschränke gab es auch erst später. Früher hat man alles im kalten Keller aufbewahrt.

Gebräuchlich waren in früheren Zeiten auch andere Maßeinheiten. Gewogen wurde z. B. in Pfund oder Zentner. Ein Pfund entspricht 500 g. Das ist so viel wie ein zwei Päckchen Butter. Ein Zentner – hiermit wurde z. B. Getreide gewogen – entspricht 50 kg. Wobei die Waagen nicht wie heute digital waren. Oft hatten sie zwei Waagschalen. In eine legte man das zu Wiegende und in die andere verschiedene Gewichte.

Musste noch etwas an Lebensmitteln dazugekauft werden, so ging man mit seinem eigenen Porzellan- oder Steingutgeschirr in den kleinen „Tante-Emma-Laden", wo das Gewünschte in die mitgerachten Gefäße gefüllt wurde. Selbst Bonbons gab es einzeln zu kaufen. Nichts war abgepackt wie heute.

Laktosefreie Milch oder Reis-Soja-Drinks waren damals natürlich noch nicht bekannt. Diese verwenden wir nun heute alternativ in den Rezepten, um Intoleranzen zu berücksichtigen.

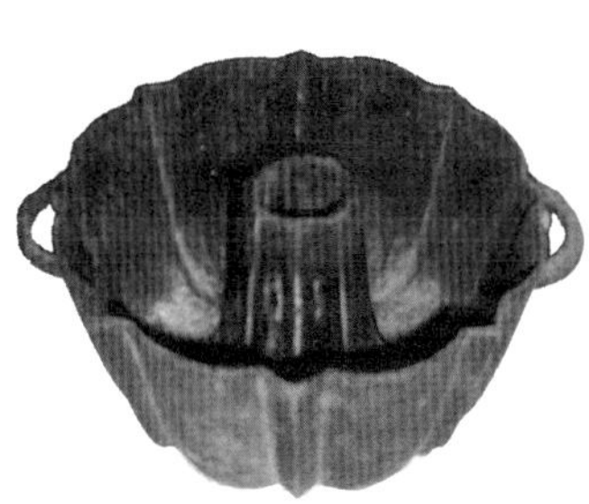

Gusseiserne Kuchenform

Stangenbohnen-Suppe mit Kartoffelkuchen

Arbeitsmaterial:

Schneidebrett, Gemüsemesser, Topf, Kochlöffel, Topflappen

Zutaten:

Ca. 500 g junge Stangenbohnen
500 g Speck
1 klein geschnittene Kartoffel
Suppengrün
Meersalz, Pfeffer und Gemüsebrühe zum Abschmecken

Zubereitung:

Stangenbohnen klein schneiden und mit dem Speck, Suppengemüse und der Kartoffel sowie 2 l Wasser gar kochen. Nach Geschmack abschmecken und evt. mit laktosefreiem Schmand eindicken.

„Dutsch" (Variante 1)

Arbeitsmaterial:

Kartoffelreibe oder Pürierstab, Schüssel, Kochlöffel, Bräter, Topflappen

Zutaten:

5 – 6 mittelgroße Kartoffeln
1 Prise Salz
1 Ei
Öl

Zubereitung:

Kartoffeln reiben oder pürieren, mit dem Ei und Salz verrühren. Den Backofen auf 200 °C vorheizen. Den Bräter einölen und den Teig einfüllen. In den Ofen stellen und ca. 1 Std. backen.
Garprobe machen. Aus dem Ofen nehmen und zur Stangenbohnensuppe s. o.!) servieren. Kann auch mit Apfelmus gegessen werden.

Wecksuppe

Arbeitsmaterial:

Messer, Topf, Rührlöffel

Zutaten:

ca. 2 altbackene Brötchen oder Brot
Margarine
Wasser
Bouillon

Zubereitung:

Brot/Brötchen klein schneiden. Die Margarine im Topf schmelzen und die Brotbrocken darin bräunen. Anschließend mit Wasser aufgießen und mit Bouillon würzen und aufkochen. Für einen sättigerenden Effekt wurde früher noch ein Ei verschlagen und in die Suppe gerührt.

Kartoffelsuppe

Arbeitsmaterial:

Gemüsemesser, Kartoffelschäler, Schneidebrett, Schöpfkelle, Schüssel, Passiersieb oder Passierstab, großer Topf, Kasserole, Kochlöffel, Topflappen

Zutaten:

500 g Kartoffeln
1 ¼ l Wasser
1 Stange Porree
1 Knolle Sellerie
Meersalz
30 g Margarine
1 Zwiebel
Pfeffer
Gemüsebrühe

Zubereitung:

Die Kartoffeln schälen und würfeln. Ebenso mit dem Sellerie und der Zwiebel verfahren. Zwiebel separat aufbewahren. Den Lauch putzen und klein schneiden. Den Topf mit Wasser füllen und die Kartoffeln mit den Selleriewürfeln und dem Lauch sowie dem Salz hineingeben und zum Kochen bringen.
Dann auf kleiner bis mittlerer Flamme ca. 20 Min. gar kochen. Sind die Kartoffeln gar, werden sie mit einer Schöpfkelle aus dem Topf in die Schüssel/das Passiersieb gegeben und passiert. Das Kartoffelmus dann wieder zurück in das Wasser geben und nochmals unter Rühren aufkochen. Währenddessen die Margarine in der Kasserolle erhitzen und die Zwiebelwürfel darin bräunen. Diese dann zu der Kartoffelsuppe geben, welche noch mit der Gemüsebrühe abgeschmeckt wird.

Variante: Braune Kartoffelsuppe
Hierfür vorher die Kartoffeln in Scheiben anbraten.

Gebräunte Grießsuppe

Arbeitsmaterial:

Topf, Rührlöffel, Schüttelbecher für das Ei

Zutaten:

30 g Margarine
20 g Weizen- oder Maisgrieß
1 l Fleischbrühe,
1 Ei

Zubereitung:

Margarine in dem Topf schmelzen und Grieß darin unter Rühren bräunen. Danach mit der Fleischbrühe angießen und aufkochen lassen. Währenddessen das Ei verquirlen, in die Suppe rühren.

Mehlkößchen als Suppeneinlage

Arbeitsmaterial:

Kleine Schüssel, Löffel, Muskatreibe

Zutaten:

1 Ei
Dinkelmehl
Muskat
Salz

Zubereitung:

Das Ei in dem Schüsselchen verrühren und das Mehl einrühren, bis die Masse zäh ist. Mit einer Prise Salz und etwas frisch geriebener Muskatnuss würzen. In Fleisch- oder Gemüsebrühe gar kochen.

Graupensuppe

Arbeitsmaterial:

Großer Topf, Rührlöffel, Messbecher, Gemüseschäler, Schneidebrett

Zutaten:

500 g Räucherfleisch
100 g (Perl-)Graupen
Ca. 2 l Wasser
1 Zwiebel
1 Möhre
½ Lauchstange
1 – 2 Kartoffeln
1 kleiner Selleriestängel
Salz

Zubereitung:

Das Räucherfleisch im erhitzten Topf kurz von allen Seiten andünsten. Das Wasser aufgießen und die Graupen dazugeben. Ca. 1 Std. köcheln lassen. In dieser Zeit das Gemüse putzen und klein schneiden. Kartoffeln schälen und würfeln. Alles zur Suppe geben und nochmals ca. 30 Min. kochen. Mit Salz abschmecken.

„Breimehlsbrei"

Arbeitsmaterial:

Tiefe Pfanne oder großer flacher Topf, Schneebesen, Tasse

Zutaten:

1 Tasse Wasser
1 l laktosefreie Milch
150 g Buchweizenmehl
1 El Dinkelmehl
Salz

Zubereitung:

Das Wasser in der Pfanne aufkochen. Die Milch und etwas Salz zugeben und nochmals aufkochen.
Die Mehle einrühren und unter ständigem Rühren ca. 15 Min. eindicken lassen. Hitze reduzieren und ca. 15 Min. weiter eindicken lassen. Evt. in Wasser gekochte Birnen in dieser Zeit zugeben und durchziehen lassen.

Dutsch (Variante 2)

Arbeitsmaterial:

Kartoffelreibe oder Pürierstab, Schüssel, Kochlöffel, Messbecher, kleiner Topf, Bräter, Topflappen, Kuchenplatte oder großer Essteller

Zutaten:

5 – 6 mittelgroße Kartoffeln
1 Dinkelbrötchen
Ca. 1/8 l laktosefreie Milch oder Reis-Soja-Drink
1 Prise Salz
1 Ei
Speckscheibchen von ca. 100 g Speck
Öl

Zubereitung:

Kartoffeln reiben oder pürieren, mit dem Ei und dem Salz verrühren.
Das Brötchen mit der Milch aufkochen und unter den Teig rühren.
Den Backofen auf 200 °C vorheizen. Den Bräter einölen, mit der Hälfte der Speckscheibchen auslegen und den Teig einfüllen. Mit den restlichen Speckscheibchen belegen.
In den Ofen stellen und ca. 1 Std. backen. Garprobe machen. Aus dem Ofen nehmen, auf eine Platte stürzen und in „Kuchenstücke“ schneiden. Noch warm mit Apfelmus essen.
Reste können am nächsten Tag klein geschnitten in einer Pfanne gebraten werden. Teilweise wurde früher noch verrührtes Ei mitgebacken, sodass eine Art Schmarrn entstand.

Pellkartoffeln

Arbeitsmaterial:

Gemüsebürste, Topf, Topflappen

Zutaten:

kleine Kartoffeln
Salz
Wasser

Zubereitung:

Die kleinen Kartoffeln mit der Gemüsebürste gut säubern, in den mit Wasser gefüllten Topf geben. Das Salz zugeben und ca. 20 Min. kochen.

Kartoffeln in Sauce

Arbeitsmaterial:

Gemüsemesser, Kartoffelschäler, Schneidebrett, Schüssel, Becher, Löffel, großer, flacher Topf, Kochlöffel, Topflappen

Zutaten:

Kartoffeln entsprechend der Personenzahl
Ca. 1 El Dinkelmehl oder Kartoffelstärke
Öl
1 Zwiebel
Wasser
Salz

Zubereitung:

Die Kartoffeln schälen und in Scheiben scheiden. In einer mit Wasser gefüllten Schüssel aufbewahren, sonst werden sie braun.
Zwiebel schälen und würfeln.
Öl in dem Tropf erhitzen, die Zwiebeln darin andünsten. Das Mehl/die Stärke mit Wasser in einem Becher zu einer flüssigen Sauce verrühren, in den Topf geben und mit den gedünsteten Zwiebeln vermischen. Eine Prise Salz zugeben.
Die Kartoffeln hinzugeben und unter Rühren bei mittlerer Temperatur in der Sauce garen lassen.
Dazu Blattsalat reichen.

Gehitschel

Altes Westerwälder „Arme-Leute-Gericht"

Arbeitsmaterial:

Gemüsemesser, Kartoffelschäler, Schneidebrett, Kasserolle, Kochlöffel, großer Topf, Kartoffelstampfer, Topflappen

Zutaten:

500 g Sauerkraut
ca. 6 große Kartoffeln
1 Zwiebel
Margarine
ca. 1 El Dinkelmehl oder Kartoffelstärke

Zubereitung:

Kartoffeln schälen, vierteln und im großen Topf mit Wasser zum Kochen bringen. Abkühlen lassen. Etwas Kartoffelwasser abgießen, aber aufheben.
Währenddessen die Zwiebel schälen und würfeln.
Die Margarine in der Kasserolle erhitzen und die Zwiebel darin dünsten. Das Mehl darüber streuen und verrühren.
Die Kartoffeln zu einem Brei zerstampfen und mit dem Sauerkraut mischen. Je nach Bedarf noch von dem Kartoffelwasser zugießen. Die gedünsteten Zwiebeln über den Brei geben und kurz aufkochen lassen.

Festessen

Der Vater hat letzte Nacht

einen ganzen Hering mit nach Haus gebracht.

Er bekommt davon das Mittelstück,

unsere Mutter bekommt den Schwanz.

Und was dann alles noch übrig ist,

das bekommen wir Kinder ganz!

(Aus dem Westerwald)

Heringssdipp und Pellkartoffeln

Arbeitsmaterial:

Schüssel, Topf, Gemüsemesser, Schneidebrett, Kochlöffel, Topflappen, Topfuntersetzer

Zutaten:

1 kg Salzheringfilet entgrätet
1/8 l Weinessig
3 Lorbeerblätter
1 El Senfkörner
¼ l laktosefreier Schmand
2 Äpfel
2 Gewürzgurken
2 große Zwiebeln

Zubereitung:

Heringfilets waschen und Schuppen abschaben.
Den Weinessig mit allen Gewürzen aufkochen und wieder abkühlen lassen.
Den laktosefreien Schmand mit dem kalten Gewürzessig verrühren. Die Äpfel schälen, vierteln, Kerngehäuse entfernen und klein schneiden. Zwiebeln ebenfalls schälen und in Ringe schneiden. Gewürzgurken würfeln.
Heringsfilet und Zwiebelringe werden nun abwechselnd schichtweise in eine abdeckbare Schüssel gelegt.
Apfel- und Gurkenwürfelchen in die Schmandsoße einrühren und über die Heringe geben.
Den Heringsdipp nun gut durchziehen lassen. Dazu wird er in den Kühlschrank gestellt.
Am besten schmeckt er zu frischen Pellkartoffeln (Quellmännern).

Erprobte Rezepte
Ges. geschützt

Ein altes Gebet aus der Zeit meiner Großeltern

Tischgebet

Alles, was ich habe, das kommt von Dir.
Alles, was ich kann, das gabst Du mir.
Und ich lasse mich von Dir nur leiten.
Ganz lieb habe ich Dich.
Drum will ich beten.
Ach, was wäre ich bloß ohne Geleit.
Herr, Du machst mich groß in Ewigkeit.

(Übersetzung eines alten Westerwälder Gebets)

Kartoffelköße

Arbeitsmaterial:

Gemüsemesser, Kartoffelschäler, Schneidebrett, Schüssel, Becher, Löffel, großer, flacher Topf, Kochlöffel, Topflappen

Zutaten:

Pro Person 1 – 2 große oder 2 – 4 mittlere Kartoffeln
Salz
2 Zwiebeln
Speck oder Margarine

Zubereitung:

Kartoffeln schälen. Die Hälfte der Kartoffeln kochen und kalt werden lassen. Nun die rohen wie die garen Kartoffeln reiben oder pürieren. Die Kartoffelmasse auf ein großes Haarsieb geben zum Abtropfen. Wasser mit Salz in einem großen Topf zum Kochen bringen. Aus der Kartoffelmasse Klöße formen und in das Salzwasser geben. Die garen Klöße – sie schwimmen oben – mit einem Schaumlöffel aus dem Topf in eine Schüssel legen.
Die Zwiebeln schälen und würfeln. Speck würfeln. Speck in einer Kasserolle bei mittlerer Hitze auslassen, Margarine und die Zwiebeln dazugeben und bräunen. Über die fertigen Klöße gießen und servieren.

„Gehobene" Plätzchen

Diese Plätzchen aus Kartoffelteig heißen deswegen „gehoben", weil sie mit Hefe gegangen sind oder anders gesprochen, von der Hefe gehoben wurden.

Arbeitsmaterial:

Kartoffelschäler, Kartoffelreibe/Passierstab, Schüssel, großes Haarsieb, Kochlöffel, Tasse, Pfanne, Bratenwender

Zutaten:

4 dicke Kartoffeln
1 P. Hefe
500 g Dinkelmehl
4 Eier
ca. 200 ml lauwarme Milch
½ Tl Meersalz
Öl zum Backen

Zubereitung:

Kartoffeln schälen und reiben oder passieren. Die Kartoffelmasse in ein Sieb gießen und abtropfen lassen. Die Stärke, die sich im Kartoffelsaft absetzt, wieder unter die Kartoffeln geben. Alle Zutaten gut verrühren, jedoch nur so viel Milch beigeben, bis der Teig zäh ist.
Öl in einer Pfanne erhitzen und den Teig mit einer Suppenkelle portionsweise einfüllen, sodass kleine Küchlein entstehen. Diese von beiden Seiten goldbraun und knusprig backen.
Noch warm mit Zuckerrübensirup, Pflaumenmus oder Butter bestrichen essen.

Gedämpfte

Arbeitsmaterial:

Kartoffelschäler, Gemüsemesser, Bräter, Pfannenwender

Zutaten:

1 kg Kartoffeln
4 El Öl
Salz
Pfeffer

Zubereitung:

Kartoffeln schälen und in Scheiben schneiden.
Das Öl in dem Bräter erhitzen und die Kartoffelscheiben hineingeben, dann salzen und abgedeckt ca. 10 - 15 Min. garen. Danach die Kartoffeln bei geöffneten Deckel weiterkochen und hin und wieder wenden, so lange, bis sie goldgelb und knusprig sind.
Gegebenenfalls nochmals nachwürzen.
Zu grünem Salat reichen.

Himmel und Erd'

Arbeitsmaterial:

Kartoffelschäler, Gemüsemesser, Schneidebrett, großer Topf, Messer, Kartoffelstampfer, Pfanne

Zutaten:

1 kg Kartoffeln
1 kg süße Äpfel
1 große Zwiebel
100 g Speck
Salz

Zubereitung:

Kartoffeln und Äpfel schälen und würfeln. Beide zusammen mit etwas Salz in wenig Wasser kochen.
Speck würfeln, in der Pfanne auslassen. Die Zwiebel schälen, in Ringe schneiden und im Speck bräunen.
Kartoffeln und Äpfel klein stampfen. Die Zwiebeln mit dem Speck darüber geben.

Kastenriewes

Arbeitsmaterial:

Kartoffelschäler, Kartoffelreibe/Passierstab, Schüssel, großes Haarsieb, Kochlöffel, Tasse, Kastenform, Alufolie

Zutaten:

1 kg Kartoffeln
500 g Dinkelmehl
60 g Hefe
3 El warmes Wasser
4 Eier
½ Tl Meersalz
Öl

Zubereitung:

Kartoffeln schälen und reiben oder passieren. Die Kartoffelmasse in ein Sieb gießen und abtropfen lassen. Die Stärke, die sich im Kartoffelsaft absetzt unter die Kartoffeln mischen. Das Mehl unter die Kartoffeln rühren.
Die Hefe in eine Tasse zerbröseln. Das warme Wasser darüber geben und die Hefe darin aufgehen lassen, danach unter den Teig mischen.
Die Eier unterrühren und den Teig mit Salz abschmecken.
Die Kastenform mit Öl bestreichen, den Teig einfüllen.
Den Kuchen mit einem Tuch abdecken. 30 Min. gehen lassen.
Kastenriewes bei 180 °C im Backofen 1 Std. backen. Danach mit Alufolie abdecken und noch 1 Std. gar backen.
Riewes auf ein Kuchengitter stürzen. Vor dem Anschneiden 24 Stunden ruhen lassen.

Erbsenpüree

Arbeitsmaterial:

Großer Topf, Messbecher, Gemüsemesser, Schneidebrett, Messer, Kochlöffel, Passierstab, Pfanne, Kochlöffel, Pfannenwender

Zutaten:

300 g getrocknete Erbsen
¾ l Wasser
1 Bund Suppengrün
2 Zwiebeln
150 g Speck
Majoran
Salz
Pfeffer

Zubereitung:

Die Erbsen am Vortag über Nacht in dem Wasser einweichen.
Am nächsten Tag Gemüse und 1 Zwiebel putzen und klein scheiden, mit den Gewürzen zu den Erbsen ins Wasser geben. Vom Speck die Schwarte abschneiden und zu den Erbsen geben. Alles ca. 1 – 1 ½ Std. kochen. Währenddessen die zweite Zwiebel putzen und klein schneiden. Den Speck würfeln, in der Pfanne auslassen und die Zwiebeln darin rösten. Die Schwarten aus dem Erbsensud entfernen und evt. überschüssige Flüssigkeit abgießen. Die Erbsen passieren. Den Speck mit den Zwiebeln über das Püree geben.

Ich will noch mal im Backhaus sein

Ich will noch mal im Backhaus sein,
ich will einen Geriebenen essen.
Die Koteletts und die Schnitzel fein,
Die kann ich alle vergessen.

Ich will noch mal im Backhaus sein,
da wo es einmal schön war.
Ich würde so gern den anderen Leuten
mal eine Scheibe geben.

Hunsrücker Backhaus im Freilichtmuseum Roscheider Hof, Konz

Ich will noch mal im Backhaus sein,
und essen, was ich kann.
Doch müsste ich viele Kuchenbleche
und manches Backhaus haben!

(Aus dem Westerwald)

Früher wurde, wie in diesem Gedicht beschrieben, das Brot für das ganze Dorf in einem Backhaus (in vielen Gegenden Deutschlands „Backes“genannt) gebacken. Das war ein kleineres Häuschen, in dem sich ein großer „Backofen“ befand. Meistens war Samstag der Backtag. Der ganze Wochenvorrat an Brot wurde dann gebacken. In dem großen, mit Holz angefeuerten Ofen wurden auf großen Blechen die Brotteige der ganzen Dorfleute, die sie dorthin gebracht hatten, gebacken. Mit großen, paddelähnlichen Schiebern schob man das Brot in den Backofen und holte es damit auch wieder heraus.

Die fertig gebackenen Brote kamen dann zum Auskühlen auf lange Holzregale an der Backhauswand.

Wo die alten Backhäuser erhalten geblieben sind, wird heute wieder gerne zu bestimmten Anlässen „Backes-Brot“ gebacken.

Diese Backhäuser kann man heute in vielen Heimatmuseen finden; das abgebildete steht im Freilichtmuseum Roscheider Hof in Konz bei Trier.

Brot aus Natursauerteig

Arbeitsmaterial:

Schüssel für Vorteig, Mixer mit Knethaken, Schüssel für Hauptteig, Kastenform

Zutaten: für den Vorteig:

50 g Sauerteig (erhalten Sie vom hilfsbereiten Bäcker)
375 g Roggenmehl
375 g handwarmes Wasser

Zutaten: für den Hauptteig:

300 g Dinkelmehl
350 g Roggenmehl
700 g Sauerteig (= Vorteig)
20 g Salz
40 g Hefe
300 g Wasser (40 °C)
Sonnenblumenkerne, Leinsamen, Sesam … nach Belieben

Zubereitung Vorteig:

Alle Zutaten gut verrühren.
100 g Sauerteig abnehmen und in den Kühlschrank stellen als Grundlage für das nächste Brot.

Zubereitung Hauptteig:

Alle Zutaten mit dem Vorteig gut miteinander verrühren.
½ Std. gehen lassen (nicht länger).
Nach Belieben die Kerne hinzufügen und den Teig nochmals gut durchkneten.
Zu einem Brotlaib formen und ihn 20 – 25 Min. in einer gefetteten Form ruhen lassen.
Währenddessen den Ofen auf 250 °C vorheizen.
Beim Einschieben eine Schale mit Wasser in den Ofen stellen.
Nach 20 Min. den Backofen auf 200 °C zurückstellen.
Backzeit insgesamt: 60 Min.

Kartoffelbrot

Arbeitsmaterial:

Topf für die Kartoffeln, Gemüseschäler, Milchtopf, Kartoffelreibe, Schüsselchen für Hefe, Rührschüssel mit Deckel oder Tuch zum Abdecken, Mixer mit Knethaken, Backblech/Kastenform, Kuchenrost

Zutaten:

750 g Dinkelmehl
1 ½ Päckchen Hefe
3 El Rohrzucker
1 El Meersalz
9 dicke Kartoffeln
3/8 l lauwarme laktosefreie Milch oder Soja-Reis-Drink
5 Eier
5 El Öl

Zubereitung:

Kartoffeln schälen und kochen. Dann auskühlen lassen und reiben.
Milch im Topf etwas erwärmen.
Währendessen Hefe mit dem Rohrzucker und etwas warmer Milch in dem Schüsselchen gehen lassen.
Dann in der Rührschüssel das Mehl mit dem Rest warmer Milch, der gegangenen Hefe und dem Salz zu einem Teig verrühren. Abdecken und an einem warmen Ort ca. ½ Std. gehen lassen.
Die Eier, das Öl sowie die geriebenen Kartoffeln unter diesen Teig rühren und nochmals ca. 15 Min. gehen lassen.
Währenddessen den Backofen auf 200 °C vorheizen.
Dann den Teig auf einer bemehlten Arbeitsplatte zu einem Laib formen und auf ein Backblech legen oder in eine geölte Kastenform füllen.
Bei 200 °C 90 Min. backen und auf einem Kuchenrost auskühlen lassen.
Wer möchte, kann in den Teig auch geröstete Zwiebeln einrühren, was dem Kartoffelbrot nochmals eine herzhafte Note gibt.

Rosinen-Hefezopf oder -kringel

Arbeitsmaterial:

Große Rührschüssel mit verschließbarem Deckel oder ein sauberes Küchentuch, Tasse/ Schüsselchen, kleiner Topf, Kochlöffel oder Mixer mit Knethaken, Teigschaber, Teigrolle, Pinsel, Garstäbchen, Kuchenrost, Topflappen

Zutaten:

1 P. Hefe
1 kg Dinkelmehl
1 Ei
80 g Sonnenblumen-Margarine (darauf achten, dass keine Molke darin ist)
80 g Honig oder Rohrohrzucker
1 Prise Salz
250 ml laktosefreie Milch oder Reis-Soja-Drink
ca. 200 g Rosinen (kann auch durch gemahlene Mandeln ersetzt werden)
etwas Margarine zum Bestreichen

Zubereitung:

Die Hefe in die Tasse / das Schüsselchen zerbröckeln und mit etwas Rohrzucker / Honig flüssig werden lassen. Das Mehl in die Schüssel geben. Milch etwas auf dem Herd im Topf erwärmen und die Margarine darin schmelzen, dann zum Mehl geben. Ebenso den Rohrzucker / Honig, das Ei und die Hefe. Alles gut verkneten und ca. eine halbe Stunde an einem warmen Ort zugedeckt gehen lassen. Danach noch einmal gut durchkneten und auf einer mit Mehl bestäubten Arbeitsfläche ca. 0,5 cm dick auswalken. Nun die Rosinen darauf verteilen und den Teig zu einer Rolle aufrollen, zu einem Zopf flechten und auf ein gefettetes Backblech setzen.
In den vorgeheizten Backofen schieben und ca. 40 Min. bei 180 °C backen. Zwischendurch immer mal wieder mit der Margarine bestreichen.
Garprobe machen und danach zum Auskühlen auf einen Kuchenrost legen.

Eierkäs'

Arbeitsmaterial:

Rührschüssel, Schneebesen oder Mixer, Steinguttopf oder Edelstahlschüssel, Topf mit Wasser für Wasserbad, (Eierkäse-)Sieb mit wenig Löchern, 2 Teller

Zutaten:

10 Eier
1 l laktosefreie Milch oder Reis-Soja-Drink
1 Prise Salz
1 El Honig oder Rohrohrzucker

Zubereitung:

Die Milch wird mit den aufgeschlagenen Eiern, dem Salz und Honig tüchtig mit dem Schneebesen in der Rührschüssel aufgeschlagen. (Schneller geht es natürlich mit dem Mixer, doch den hatte man früher ja noch nicht).
Diese Masse füllt man in einen Steinguttopf oder ersatzweise eine Edelstahlschüssel.
Auf dem Herd bringt man in einem Topf, in die die Schüssel passt, Wasser zum Kochen. In dieses kochende Wasser wird die Schüssel gestellt und die Eiermasse im Wasserbad stocken gelassen, bis sie fest ist.
Nun gießt man den „Käse" in eine sogenannte Eierkäseform (eine spezielle Form hierfür aus Steingut) oder in ein Sieb mit wenigen Löchern. Das Ganze wird auf einen Teller gestellt und mit einem entsprechend großen weiteren Teller abgedeckt.
So muss der Käse nun ein paar Stunden ruhen, bis alle Flüssigkeit abgetropft ist.
Dann wird er gestürzt.
Am besten schmeckt der Eierkäse auf frischem Rosinen-Hefekranz mit Zimt bestreut.

Apfelmus

Arbeitsmaterial:

Schälmesser, Schneidebrett, Topf, Kochlöffel

Zutaten:

süße Äpfel je nach Menge
etwas Wasser

Zubereitung:

Äpfel schälen, vierteln und Kerngehäuse entfernen. Die Äpfel klein schneiden und in den Topf mit etwas Wasser geben. Auf dem Herd bei niedriger Temperatur zum Köcheln bringen. So lange köcheln lassen, bis die Äpfel zerfallen sind. Evt. zwischendurch bei Bedarf noch Wasser nachgießen. Evt. mit dem Pürierstab pürieren.

„Neujährchern"

Ein Kleingebäck, das eigentlich zum Jahreswechsel, wie der Name schon sagt, gereicht wurde. Es schmeckt aber auch das ganze Jahr über gut.
Man kann die Neujährchern z. B. auch mit Butter- oder Honigaufstrich essen.

Arbeitsmaterial:

Rührschüssel mit Deckel oder Tuch zum Abdecken, Rührbesen oder Mixer mit Schneebesen, Teigschaber, Teigrolle, runde Ausstecher, ersatzweise Becher ca. 5 cm Durchmesser, Backblech, Backfolie/Backpapier, Schüsselchen, Pinsel, Garstäbchen, Kuchenrost, Topflappen

Zutaten:

1 kg Kornmehl (z. B. Buchweizen- oder Dinkelmehl)
ca. 80 g Hefe
ca. ¾ l laktosefreie Milch oder Reis-Soja-Drink
ca. 500 g Dinkelmehl (zusätzlich)
½ Tasse Rohrohrzucker oder Honig
1 Tl gem. weißer Pfeffer (nach Geschmack)
1 Tl gem. Nelken
1 Tl Salz
½ P. gem. Anis
etwas Schmalz oder Margarine
1 Eigelb

Zubereitung:

Das Kornmehl mit der Hefe und der Milch dünn anrühren und ca. 2 Std. zugedeckt an einem warmen Ort gehen lassen.
Die Gewürze und das warme Schmalz/die Margarine zum Teig geben und ihn mit dem zusätzlichen Mehl steif rühren. Anschließend den Teig auf einer bemehlten Arbeitsfläche ausrollen und die „Plätzchen" ausstechen.
Auf das ausgelegte Backblech legen. Das Ei verquirlen und über die Plätzchen streichen. Nochmals gehen lassen. Backofen auf 200 °C vorheizen und Plätzchen ca. 20 Min. golden backen. Garprobe.
Auf einem Kuchenrost auskühlen lassen.

Buchweizen-Waffeln

Arbeitsmaterial:

Rührschüssel, Mixer, Schöpfkelle, Waffeleisen

Zutaten:

500 g Buchweizenmehl
2 Tl Backpulver
4 Eier
Salz
½ l Wasser
Öl für das Waffeleisen

Zubereitung:

Eier mit dem Mixer aufschlagen. Mehl, Backpulver, Salz und Wasser zugeben und gut verrühren. Teig ca. 15 Min. quellen lassen.
Das Waffeleisen erhitzen und mit Öl bestreichen.
Den Teig portionsweise zu Waffeln backen.

Topfkuchen

Arbeitsmaterial:

Rührschüssel, Rührbesen, Eisenbräter/ Bratenform, Teigschaber, Kuchengitter

Zutaten:

1 kg Hafermehl (ersatzweise Buchweizen- oder Dinkelmehl)
1 Päckchen Hefe
1 Prise Salz
laktosefreie Milch oder Reis-Soja-Drink
1 Ei
etwas Schmalz oder Margarine

Zubereitung:

Die Hefe mit etwas Milch und dem Hafermehl anrühren. Etwas Schmalz, 1 Ei und etwas Salz verfeinern den Geschmack. Dann den Teig in einen Eisenbräter oder eine andere Bratenform geben. 1 Stunde bei ca. 200 °C backen, auf ein Kuchengitter stürzen. In Scheiben schneiden.
Der Topfkuchen wurde früher noch warm zum Mittagstisch gegessen. Mit Pflaumenmus schmeckt er sehr gut.
Kalt wurde er auch als Brotersatz genutzt.

Dutschklöße

Arbeitsmaterial:

Mittlerer Topf, Rührschüssel, Rührbesen oder Handmixer mit Schneebesen, größerer Topf mit Wasser gefüllt, Esslöffel, Sieb, Schaumlöffel, Gemüsemesser, Schneidebrett, kleine Kasserolle

Zutaten für die Klöße:

1/8 Liter laktosefreie Milch oder Reis-Soja-Drink
etwas Honig oder Rohrzucker
Salz
20 g Hefe
3 Eier
Mehl (ausreichend für einen zähen Teig)

Zutaten für die gebratenen Zwiebeln:

1 Zwiebel
evt. Speck
Öl

Zubereitung:

Die Milch anwärmen, etwas Honig oder Rohrzucker und Salz dazugeben. Die Hefe darin auflösen. In die Rührschüssel umfüllen.
Die Eier unterrühren und so viel Mehl dazugeben, bis ein glatter, zähflüssiger Teig entsteht.
Wasser im Topf zum Kochen bringen. Mit einem Löffel immer wieder einen Esslöffel voll in das heiße Wasser geben.
Schwimmen die Klöße oben, sind sie gar und können mit einem Schaumlöffel auf ein Sieb zum Abtropfen gelegt werden.
Während des Garvorganges der Klöße kann man schon die Zwiebeln (und den Speck) schneiden und in der Kasserolle das Öl erhitzen. In dem heißen Öl die Zwiebeln (mit dem Speck) goldgelb backen.
Die Zwiebeln über die Klöße geben.

Etwas für den Nachmittag

Selbstgemachter Wackelpeter

Arbeitsmaterial:

Gegebenenfalls Utensilien zur Frischsaftzubereitung, Topf, Schneidebrett, Schälmesser, Schneebesen, Schüssel

Zutaten:

1 l Fruchtsaft nach Wunsch, z. B. Apfelsaft, Orangensaft, am besten frisch gepresst, entsprechende Früchte, z. B. 2 Äpfel, 2 Bananen oder 150 g Erdbeeren je nach Saison
24 g gemahlene Gelatine oder 12 Blatt

Zubereitung:

Sollte Frischsaft zubereitet werden, entweder z. B. die Apfelsinen auspressen oder andere Früchte durch den Entsafter geben, sodass 1 l Saft erzeugt wird.
Die Gelatine nach Packungsvorschrift einweichen und auflösen.
Den Fruchtsaft entsprechend einrühren und Früchte zugeben. Gut vermischen und in eine Schüssel geben. Kalt stellen, damit der Wackelpeter fest werden kann.

Variante:

Bunte Ostereier

Zubereitung:

Den Wackelpeter ohne Früchte mit verschiedenfarbigen Säften herstellen. Als Regel dient hierzu, je 500 ml Flüssigkeit 6 Blatt oder 12 g Gelatine verwenden.
Vorher Eier am oberen und unteren Ende mit einem Eierpicker oder einer Fleischnadel etwas öffnen und das Ei ausblasen. Die leeren Eier gut ausspülen und am unteren Teil mit einem weichen Rosinenstückchen wieder verschließen. Nun kann der noch flüssige Wackelpeter eingefüllt werden. Erkalten lassen.
Eine tolle Überraschung zu Ostern oder auch ein gelungener Nachtisch das ganze Jahr über!

Kuhflecken-Waffeln

Arbeitsmaterial:

Küchenwaage, kleiner Topf, Löffel, Messbecher, Teelöffel, Rührschüssel und Mixer oder Küchenmaschine, 2. Schüssel, Teigschaber, Löffel, Waffeleisen, Pinsel, Kuchenrost

Zutaten:

12 Eier
150 g Rohrzucker
4 P. Vanillezucker o. 3 El selbstgemachter Vanillezucker
1 Prise Salz
1200 g – 1500 g Dinkelmehl
250 g geschmolzene (laktosefreie) Butter
ca. 1 l (laktosefreie) Milch oder Reisdrink
1 ½ P. Backpulver
50 g Kakao
etwas Öl

Zubereitung:

Die Eier mit dem Zucker und Vanillezucker zusammen in die Rührschüssel geben und aufschlagen, bis die Masse schaumig ist. Währenddessen die Butter schmelzen.
Geschmolzene Butter und die Milch beigeben und weiterrühren.
Das Mehl mit dem Backpulver und Salz hinzufügen. Alles verrühren. Evt. noch mit etwas Milch ergänzen.
Den Teig teilen und unter den einen Teil den Kakao rühren.
Waffeleisen erhitzen und leicht einölen. Abwechselnd dunklen und hellen Teig wie ein Kuhfleckenfell ins Waffeleisen einfüllen und backen.
Danach auf dem Kuchenrost auskühlen lassen.

Welsh Cake

Englische Teeplätzchen mit Rosinen

Arbeitsmaterial:

Küchenwaage, Löffel, Rührschüssel und Mixer oder Küchenmaschine, Teigschaber, Backunterlage, Teigrolle, runde Ausstecher, Messer, Backpapier, Backblech, Pfannenwender, Kuchenrost/Sieb

Zutaten:

2 Eier
100 g Rohrzucker
500 g Dinkelmehl
250 g (laktosefreie) Butter oder Margarine
ca. 1 – 2 El (laktosefreie) Milch oder Reisdrink
1 P. Backpulver
125 g Rosinen
je eine Prise Muskat und Salz

Zubereitung:

Die Eier mit dem Zucker zusammen in die Rührschüssel geben und aufschlagen, bis die Masse schaumig ist. Butter und die Milch hinzufügen und weiterrühren.
Das Mehl mit Backpulver, Rosinen, Muskat und Salz beigeben. Alles verrühren. Evt. noch etwas Milch hinzugeben.
Teig ca. 1 cm dick auf der bemehlten Backunterlage ausrollen und runde Plätzchen ausstechen und auf das mit Backpapier ausgelegte Backblech legen.
Backofen vorheizen. Bei ca. 200 °C goldbraun backen.
Danach auf dem Kuchenrost/im Sieb auskühlen lassen.

Obstsalat

Arbeitsmaterial:

Schälmesser, Schneidebrett, Apfelsinenpresse, Schüssel, Salatbesteck

Zutaten:

3 Äpfel, 5 Apfelsinen, 3 Bananen,
4 Kiwis, 3 Mandarinen, 1 Zitrone
100 g Rosinen

Zubereitung:

Zwei Apfelsinen und die Zitrone auspressen und für die Marinade zurückstellen. Äpfel waschen, vierteln und entkernen, klein schneiden. Apfelsinen, Mandarinen, Bananen und Kiwis schälen und klein würfeln.
Alles Obst in die Schüssel geben. Obstsaft darübergießen und gut durchmischen.

Apfel-Möhren-Muffins

Arbeitsmaterial:

Schälmesser, Gemüsemesser, Schneidebrett, Gemüsereibe, Waage, Messbecher, Teelöffel, Rührschüssel und Mixer oder Küchenmaschine, Teigschaber, Löffel, Muffinformen aus Papier oder Silikon, Topflappen, Kuchenrost

Zutaten:

280 g Dinkelmehl
100 g Zucker
1 Ei
80 g Öl
400 g geschälte und entkernte Äpfel (oder Ananas)
150 g geschälte und geriebene Möhren
2 Tl Backpulver
etwas Salz
ca. 100 ml Milch

Zubereitung:

Das Ei mit dem Zucker zusammen in die Rührschüssel geben und aufschlagen. Das Öl und die Milch beigeben und weiterrühren. Währenddessen die Äpfel und Möhren schälen und die Äpfel klein würfeln. Die Möhren reiben. Beides zu dem Eigemisch geben. Das Mehl mit dem Backpulver und Salz hinzufügen. Alles verrühren. Evt. noch mit etwas Milch ergänzen.
Teig in die Muffin-Förmchen füllen. Bei 180 °C ca. 20 Min. backen. Garprobe. Danach auf dem Kuchenrost auskühlen lassen.

Apfelsinengelee

Arbeitsmaterial:

Gemüsemesser, Schneidebrett, Apfelsinenpresse, Topf, Waage, Messbecher

Zutaten:

½ Apfelsine je Person
evt. Apfelsinensaft zum Auffüllen
Gelatine entsprechend der vorhandenen Flüssigkeit (für 500 ml 6 Blatt oder 12 g)

Zubereitung:

Die Apfelsinen durchschneiden und auspressen. Die Reste des Fruchtfleisches auskratzen und die leeren Schalen zurückbehalten.
Den Fruchtsaft abmessen und evt. fehlende Flüssigkeit mit weiterem Saft auffüllen.
Gelatine nach Angabe einweichen und verflüssigen und mit den Apfelsinensaft entsprechend verarbeiten.
Den mit Gelatine gebundenen Saft in die Apfelsinenschalen füllen, kaltstellen und fest werden lassen. Dann in Viertel schneiden.

Hefewaffeln

Arbeitsmaterial:

Schüsselchen, Küchenwaage, kleiner Topf, Löffel, Messbecher, Teelöffel, Rührschüssel und Mixer, Teigschaber, Löffel, Waffeleisen, Pinsel, Kuchenrost

Zutaten:

1 P. Hefe
120 g Rohrzucker
1 P. Vanillezucker o. 1 El selbstgemachter Vanillezucker
1 Prise Salz
2 Eier
160 g geschmolzene (laktosefreie) Butter
ca. 1 l (laktosefreie) Milch oder Reisdrink
500 g Dinkelmehl
etwas Öl

Zubereitung:

Die Hefe in das Schüsselchen bröckeln, mit etwas Zucker und Salz bestreuen. Flüssig werden lassen. Gegebenenfalls mit dem Löffel hin und wieder durchrühren.
Mehl mit dem Zucker und Vanillezucker zusammen in die Rührschüssel geben.
Die Butter schmelzen. Geschmolzene Butter und die Milch beigeben, ebenso die Eier und die gegangene Hefe.
Alles gut mit dem Knethaken des Mixers vermischen und an einem warmen Platz etwas gehen lassen.
Dann portionsweise im Waffeleisen backen

Gesunder Kuchen

Arbeitsmaterial:

Tasse für Tee, kleiner Topf, Löffel, Teelöffel, Rührschüssel und Mixer oder Küchenmaschine, Teigschaber, Löffel, Kastenform, Kuchenrost

Zutaten:

1 Ei
150 g Rohrzucker
1 Prise Salz
300 g Dinkelmehl
1 Tl Backpulver
100 g Rosinen oder andere Trockenfrüchte
250 g gehackte Walnüsse oder Mandeln
200 ml Früchtetee
etwas Öl

Zubereitung:

Das Ei mit dem Zucker zusammen in die Rührschüssel geben und schaumig schlagen. Mehl, Salz und Backpulver zugeben und weiterrühren.
Nach und nach die Rosinen, Nüsse und den Tee unter Rühren beigeben.
Eine Kastenform einfetten.
Den Kuchen bei 150 °C ca. 65 Min. backen.

Eierauflauf

Arbeitsmaterial:

Mixer, Rührschüssel, kleines Sieb, Schneebesen, Teigschaber, Auflaufform, Backpinsel, Topflappen

Zutaten:

4 Eier
80 g Rohrzucker
4 Eiweiß
20 g Kartoffelstärke
etwas laktosefreie Butter zum Einfetten

Zubereitung:

Die Eier mit dem Zucker zu Schaum schlagen.
Die Eiweiße zu Eischnee schlagen und dann zu dem Ei-Zucker-Gemisch geben.
Die Kartoffelstärke auf die Masse sieben und vorsichtig mit einem Schneebesen unterziehen.
Die Eiermasse in die eingefettete Auflaufform einfüllen.
Im Backofen bei ca. 180 °C 25 – 30 Min. backen.
Noch warm servieren. Dazu frisches Obstkompott anbieten.

Scones

Englische runde, kleine Kuchen, die es in verschiedenen Varianten von süß bis herzhaft gibt. In England gibt es dafür extra Scone-Ausstecher, wie auf dem Bild zu sehen. Diese Version ist die Basisvariante, welche mit „whipped cream“ (original wird eine Art halbflüssige Sahne verwendet) und Erdbeermarmelade serviert wird.

Arbeitsmaterial:

Küchenwaage, Löffel, Messbecher, Teelöffel, Rührschüssel und Mixer oder Küchenmaschine, Teigschaber, Kuchenrost

Zutaten:

3 Tassen Dinkelmehl
1 Tl Backpulver
2 El Rohrzucker
50 g (laktosefreie) Butter oder Margarine
1 Tasse (laktosefreie) Milch oder Reisdrink
(laktosefreier) Schmand
Erdbeermarmelade

Zubereitung:

Alle Zutaten gut zu einem Teig verkneten.
Backunterlage bemehlen und den Teig darauf ca. 2 cm dick ausrollen.
Mit dem Ausstecher ausstechen und auf das mit Backpapier ausgelegte Backblech legen.
Den Backofen auf ca. 210 °C aufheizen.
Scones ca. 15 – 20 Min. backen.
Noch warm mit der Marmelade und Creme servieren.

Pikelets (kleine Pfannkuchen)

Arbeitsmaterial:

Tassen, kleiner Topf, Löffel, Teelöffel, Rührschüssel und Mixer oder Küchenmaschine, Teigschaber, Löffel, Pfanne, Pfannenwender, Kuchenrost

Zutaten:

1 Ei
2 El Rohrzucker
1 Tasse Dinkelmehl
30 g geschmolzene (laktosefreie) Butter
½ – ¾ Tasse (laktosefreie) Milch oder Reisdrink
1 Tl Backpulver
etwas Öl

Zubereitung:

Das Ei mit dem Zucker zusammen in die Rührschüssel geben und aufschlagen, bis die Masse schaumig ist. Währenddessen die Butter schmelzen. Geschmolzene Butter, die Milch, Mehl und Backpulver beigeben und weiterrühren.
Öl in der Pfanne erhitzen und immer aus ca. 2 Esslöffeln Teig kleine Pfannkuchen backen. Zwischendurch wenden und dann auf ein Kuchenrost geben.
Mit dem restlichen Teig ebenfalls so verfahren.
Noch warm mit Butter oder Obstsalat servieren.

Birnensorbet mit Traubensaft

Arbeitsmaterial:

Schälmesser, Gemüsemesser, Schneidebrett, Topf, Waage, Messbecher, Pürierstab, Teelöffel, Rührschüssel und Mixer oder Küchenmaschine, Teigschaber, Metallschüssel, Topflappen, Löffel, Teller

Zutaten:

4 Birnen
125 ml roter Traubensaft
100 g Rohrzucker
½ Zimtstange
1 Eiweiß
1 Tl Zitronensaft

Zubereitung:

Die Birnen schälen, vierteln und das Kerngehäuse entfernen. Danach in große Stücke schneiden.
Den Saft mit den Birnenstücken, dem Zimt und 50 g Zucker in einem Topf 5 Min. kochen.
Die Gewürze entfernen und Saft mit dem Obst pürieren und kalt werden lassen.
Die Eier trennen und das Eiweiß mit dem Zitronensaft im Mixer zu festem Eischnee aufschlagen. Dabei nach und nach den restlichen Zucker einrieseln lassen und so lange rühren, bis der Zucker sich aufgelöst hat.
Den Eischnee unter das Fruchtpüree heben und in eine Metallschüssel füllen.
Ca. 2 Std. ins Gefrierfach stellen und zwischendurch immer wieder umrühren.
Dann von der Masse mit dem Esslöffel kleine Portionen abstechen und auf einem Teller servieren. Wer mag, kann etwas geschlagene Sahne dazu reichen.

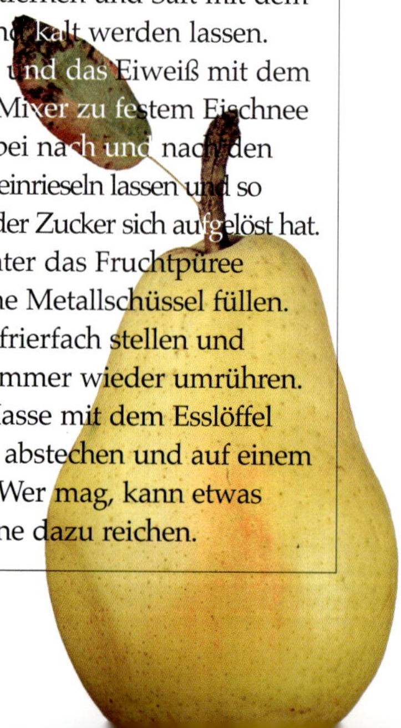

Ernte und Essen sei Dank!

In vielen Kulturkreisen ist es üblich, Gott, der Natur, den Naturgeistern oder auch den Zutaten zur Speise dafür zu danken, dass wir sie haben.

Im christlichen Brauchtum haben wir im Herbst das Erntedankfest, welches in den Kirchen, aber auch Kindergärten und Schulen begangen wird. Hier werden verschiedene Ernten (Obst und Gemüse) in Körben gesammelt und gesegnet. Mancherorts wird auch noch eine Erntekrone aus Stroh gebastelt und aufgehangen.

Lassen Sie die doch Kinder im Herbst einen Erntedankkorb zusammentragen, den Sie schön dekoriert im Eingangs- oder Gemeinschaftsbereich aufstellen.

Zu jeder Mahlzeit ist es im christlichen Glauben üblich, vor bzw. auch nach der Mahlzeit ein Tischgebet zu sprechen.

Viele Bauern haben früher nach der Kartoffelernte noch ein Kartoffelfeuer entzündet. Hierbei wurde das trockene Kartoffelkraut auf dem Feld verbrannt und meist auch neue Kartoffeln darin geröstet, die die Erntehelfer dann verspeisen durften.

Mit meiner Familie machen wir dies immer noch bei der Kartoffelernte im Garten und trinken dazu noch einen heißen Kakao oder Tee. Vielleicht haben Sie ja auf Ihrem Gelände einen kleinen Garten mit Kartoffeln Dann könnten Sie ja ebenso verfahren.

In der ayurvedischen Lehre wird vor dem Zubereiten und Kochen eine kleine Stillezeit eingehalten, um sich auf die Essenszubereitung zu konzentrieren. Man hält es dort auch so, dass nach Möglichkeit alles, was zur

Zubereitung nötig war und nicht mehr gebraucht wird, vor dem Essen weggeräumt ist. Das Essen wird dann auch gesegnet.

Bei den Aborigines ist es ein ungeschriebenes Gesetz, dass man der „Mutter Natur" immer einen Teil der Ernte oder Jagd wieder zurück gibt. Das kann so aussehen, dass sie einen Teil des Obstes wieder in der Erde vergraben als Dank dafür, dass sie genährt wurden, und damit nähren sie die Erde wieder. Sie betrachten es als nicht selbstverständlich, dass sie Nahrung erhalten.

Bei den alten Germanen kannte man die sogenannten Trinksprüche und Essenssegnungen, um sich auf das Essen vorzubereiten.

Vielleicht basteln Sie mit den Kindern einen Gebetswürfel (s. Vorlage übernächste Seite!) auf dem kleine Tischgebete oder Essenssegnungen oder auch passende lustige Sprüche wie der von den Elefanten in unseren Anregungen geklebt werden. Natürlich gibt es welche zu kaufen, doch der selbst gemachte Würfel, den Sie in Ihrer Arbeit eingesetzt haben und den die Kinder mit nach Hause nehmen, ist schon etwas Besonderes.

Hierzu tragen Sie mit den Kindern ein paar Tischgebete oder ähnliches zusammen. Sehen Sie sich die Anregungen an und wählen Sie gegebenfalls daraus. Lassen Sie dann jedes Kind für seinen Würfel die Gebete individuell zusammenstellen. Dazu lesen Sie sie Ihnen vor, damit die Kinder entscheiden können, welche sie auf ihren Würfel kleben möchten.

Kleine Tischgebete-Sammlung

Aller Augen ...

Aller Augen warten auf dich, Herr,

und du gibst ihnen ihre Speise

zur rechten Zeit,

du tust deine Hand auf

und sättigst alles, was lebt

nach deinem Wohlgefallen.

Amen

Alle unsre Gaben

Alle unsre Gaben,
die wir täglich haben,
sind o Gott von Dir,
Dafür danken wir.

Bitte

Was wir brauchen, gibt uns Gott.
Fröhlichkeit und täglich Brot.

Guten Hunger!

Mein Magen ist leer,
er brummt wie ein Bär.
Er brummt wie ein Hummer,
drum: Guten Hunger!

Herr, segne

Herr, segne diese Gaben,
die wir empfangen haben.

Bitte

Herr, gib uns das tägliche Brot,
damit wir leiden keine Not.

Vater unser, der Du bist

Vater unser, der Du bist,
das Brot liegt auf der Kist,
das Messer liegt dabei,
schneid ab für alle drei.

Eine Essenssegnung

Gott,

ich danke Dir für dieses Essen.

Seien alle Menschen mit Liebe, Wohlstand und einer reichen Ernte gesegnet.

Seien alle Menschen gesegnet, die sich schweren Arbeiten unterziehen,
um mich zu ernähren.

Ich ehre sie alle und nehme ihnen zu Ehren dieses Essen zu mir.

Möge es mir Gesundheit und Freude bereiten,
und möge es mich nie die Zeiten vergessen lassen, in denen ich gehungert habe.

Wie ich es erhalte, so gebe ich es zurück.

Ich danke für Deine Gabe, bitte nehmt Platz an meinem Tisch.

Nach einer Überlieferung zum Mabon, einem keltischen Fest zum Herbst-Äquinox (aequus = „gleich", nox = „Nacht"). Der Mabon ist ein heidnischer Brauch, ein Sonnenfest zur Herbst-Tagundnachtgleiche, einem Tag im Jahr also, an dem Tag und Nacht gleich lang sind.

An diesem Tisch

An diesem Tisch, da sitze ich.
An diesem Tisch, da sitzt auch du.
Wir sprechen und wir hören zu.

An diesem Tisch, da esse ich.
An diesem Tisch, da esst auch ihr.
Da nehmen und da teilen wir.

An diesem Tisch, da beten wir.
An diesem Tisch, da ist das so:
Wir sagen Dank, denn wir sind froh.

Gemeinsam

Gemeinsam geht's gut,
gemeinsam macht's Spaß:
Wir trinken und essen
und erzählen uns was.
Zusammen macht's Freude,
zusammen geht's besser.
Wir mögen einander
und wir sind gute Esser.
Danke, guter Gott.

Reime vom Essen und Trinken

Fingerspiel

Was die Finger trinken

Der Daumen, der trinkt Kinderkaffee,
der Zeigefinger Früchtetee,
der Mittelfinger heiße Schokolade,
der Ringfinger kühle Limonade,
der kleine Finger, o la la, trinkt Cocá Colá!

Erbsen und Linsen

Erbsen ess ich lieber,
als der Herr von Biber.
Linsen ess' ich grad so gern
wie der Herr von Liljenstern.

Volksgut

Der Kaffee

Meine Mutter schickt mich her,
ob der Kaffee fertig wär'.
Wenn er noch nicht fertig wär',
sollt' er bleiben, wo er wär'.

Volksgut

Zwei Elefanten

Zwei Elefanten,
die sich gut kannten,
hatten vergessen
zu (Mittag/Abend) zu essen.
Sagt der eine: „Was ich jetzt brauch',
ist/sind (Suppe…) in meinem Bauch!"

Die alte Wehle

Ich will Dir was erzähle
von der alten Wehle.
Wenn sie keine Kartoffeln hat,
kann sie keine mehr schäle.

Geht sie in ihr Kellerchen, will Kartoffeln holen,
steht ein buckeliges Männlein da,
hat sie all' gestohlen.

Geht sie in ihr Kämmerchen,
will ihr Bettchen machen,
steht ein buckeliges Männlein da,
fängt frech an zu lachen.

Geht sie in ihr Gärtchen,
will die Blumen gießen,
steht ein buckeliges Männlein da,
fängt frech an zu niesen: Haaaatschie!

Volksgut

Das Mäuschen

Piep, piep, Mäuschen,
bleib in deinem Häuschen,
friss mir nicht die Brotzeit weg,
iss lieber deinen Mäusespeck!
Piep, piep, piep – Guten Appetit!

Volksgut

Essen mit allen Sinnen

„Dunkelessen“

Um die verschiedenen Sinne (Tast-, Geruchs-, Geschmackssinn …) noch mehr zu schulen, probieren wir das Essen und ertasten es im Dunklen bzw. mit verbunden Augen.

Wir bereiten das Sinnesessen so vor, dass wir mit kleineren oder ängstlicheren Kindern die Lebensmittel vorher besprechen, die es zu kosten gibt, damit sie auch angstfrei mitmachen.

Arbeitsmaterial:

Essgeschirr, am besten aus Kunststoff, Serviette, klein geschnittene Obst- und Gemüsestücke, z. B. Apfel, Banane, Paprika, Gurke etc., Schokoladenstückchen, Kekse, Brotwürfelchen, Wurst- und Käseeckchen, div. Salzgebäcke, Jogurt, Pudding, div. Getränke wie Mineralwasser (still und mit Kohlensäure), Apfelschorle und alles, was Ihnen noch sonst einfällt. ***Denken Sie immer daran, bestehende Allergien und Unverträglichkeiten zu beachten!***

So geht's:

Den Raum, in dem das Essen durchgeführt werden soll, gut abdunkeln, evt. noch Augenbinden an die Kinder verteilen.

Die mitmachenden Kinder in zwei Gruppen teilen. Ein Teil stellt die „Restaurantgäste“ und der andere das „Personal“ dar. Später wird gewechselt.

Die Tische entsprechend der teilnehmenden Kinderzahl eindecken und die „Essens-Häppchen“ bereitstellen.

Den Gästen werden ggf. noch die Augen verbunden, wenn der Raum zu hell ist. Dann werden sie zu ihrem Platz geführt. Dort angekommen, zeigt man ihnen, wo ihr Teller, Becher und ihre Serviette liegen bzw. stehen.

Nun legt man allen „Gäste“-Kindern in einer vorher festgelegten Reihenfolge die Essenshäppchen auf den Teller bzw. serviert die Getränke. Sie sollen nun kosten, am besten vorher noch daran riechen, und erraten, worum es sich handelt.

Ist es erraten, wird der nächste Gang „serviert“ usw.

Sind alle Gänge durch, werden die Augenbinden abgenommen bzw. das Licht angemacht und besprochen.

- Was gab es zu essen/zu trinken?
- Wer konnte sich die Reihenfolge merken?
- Wie war das, so ganz ohne etwas zu sehen?
- Was war unangenehm, was angenehm?

Dann darf gewechselt werden, und der Vorgang wiederholt sich.

Früchte-Memory

So geht's:

Die Vorlagen auf den beiden folgenden Seiten zweimal kopieren, ausschneiden und ausmalen. Am besten laminieren. Fertig sind die Memorykarten.

Sie können aber auch mit den Kindern selbst Karten anhand der „Muster“ malen und diese dann einsetzen.

Wie bei jedem anderen Memoryspiel, müssen auch hier aus den verdeckten Karten Pärchen gesucht werden. Sie können auch noch die einzelnen abgebildeten Elemente erklären.

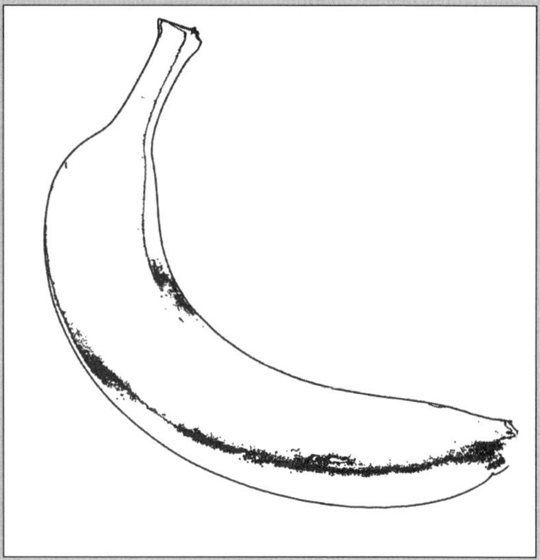

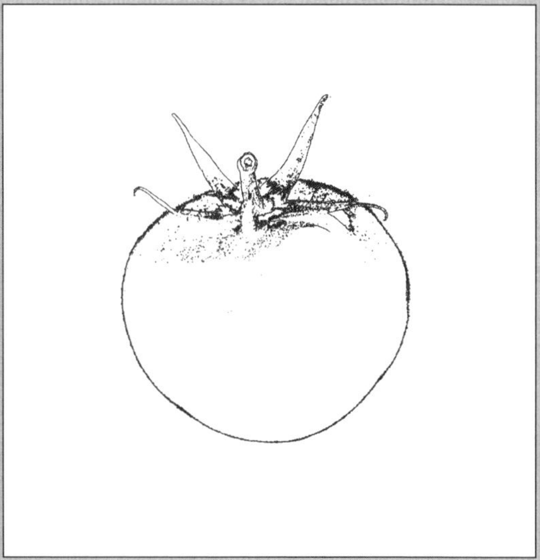

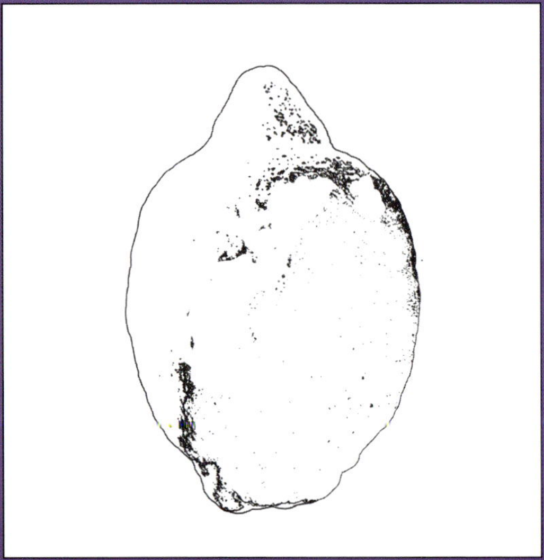
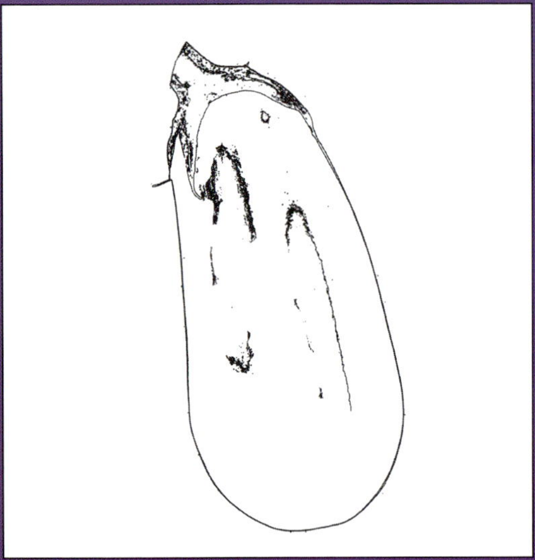

Gewürze erkennen

Mit diesem Spiel lernen die Kinder Aussehen, Geruch und Geschmack verschiedener Gewürze wahrzunehmen.

Arbeitsmaterial:

div. Gewürze – am besten in ganzer, nicht gemahlener Form – z. B. Vanilleschote, Pfefferkörner, Salz, Rosmarin, Nelken, Zimtstangen, Sternanis, Basilikum ..., ggf. ein Buch oder Fotos über verschiedene Gewürze, die das Aussehen der frischen Gewürzpflanze, Anbau und Kücheneinsatz erklären, Schälchen für die Gewürze, Augenbinde

Arbeitsanleitung:

Die Gewürze werden in die einzelnen Schälchen gefüllt und in die Mitte auf den Tisch gestellt. Alle teilnehmenden Kinder sitzen darum und können schon einmal ihre eigene „Geruchs-, Geschmacks-, Seh- und Tastprobe“ machen.

Nach dieser Vortest-Runde bekommt jeweils ein Kind die Augen verbunden und muss die Gewürze in den Schälchen riechen, darf auch gerne fühlen, um sie zu erkennen. Wenn es mag, ist es auch erlaubt zu schmecken.

Hat es bei allen Schälchen geraten, nimmt es die Augenbinde ab und kontrolliert, welche es erraten hat und wo die „Schwierigkeiten“ lagen.

Nun kommen nacheinander die anderen Kinder an die Reihe.

Entspannungsgeschichte

Ich gehe durch den Garten

Am schönsten ist es, wenn Sie diese Entspannungsgeschichte mit den Kindern im Freigelände erzählen und ausführen können.

Dazu gegebenenfalls Decken auf der Wiese oder im Raum ausbreiten, auf die sich die Kinder legen können.

Evt. können Duftöle entsprechend der Geschichte im Raum zerstäubt werden.

Die Geschichte:

Mach es Dir bequem, sodass Du Dich so richtig wohlfühlst.

Ich möchte Dich heute auf eine Reise durch den blühenden Garten einladen. Lass uns dort heute alles mit neuen Augen sehen, den guten Duft riechen und die Ruhe genießen.

Fühle erst einmal, wie bequem Du da liegst. Spürst Du das weiche Gras unter Deinem Körper? Einfach gemütlich.

Und über Dir ist der Himmel fast wolkenlos, und die Sonne scheint so herrlich warm auf Deinen Körper. Es ist einfach schön, fühlt sich so gut an, so geborgen in der wärmenden Sonne zu sein. Du spürst, wie Dein Körper ganz locker wird, wie Deine Muskeln sich entspannen. Dabei hast Du das Gefühl, noch tiefer in das Gras zu sinken. Ein richtiges Grasbett.

Du stellst Dir vor, dass Deine Gedanken und Sorgen mit den paar Wölkchen, die da noch sind, einfach weiterziehen.

Um Dich herum hörst Du das Zwitschern der Vögel und das Summen von Bienen, Hummeln, Fliegen und anderen Insekten, die von Blume zu Blume und Strauch zu Strauch fliegen, um den Nektar zu sammeln. Sie werden angezogen von den wunderbar duftenden und leuchtenden Blüten.

Und in unseren Gedanken fliegen wir mit ihnen und lassen uns in diese Duft- und Blütenwelt entführen.

Da drüben zu dem herrlich lila und weiß blühenden Flieder möchte unsere Reise uns als erstes führen.

Riech mal wie wunderbar dieser Strauch duftet! Fühle mal diese großen Blütenbälle mit ihren vielen leuchtenden Blüten! Man kann richtig in diesem Duft baden, wenn man möchte. Du darfst es genießen.

Erlaube Dir dabei, Deinen Atem ganz ruhig kommen und gehen zu lassen, während Du diesen tollen Duft einatmest.

Nach einer Weile fliegst Du mit den Insekten weiter zu den Rosen und lässt Dir auch hier ganz viel Zeit im Rosenduft zu baden.

Pause

In unserem Garten wartet auch der lilafarbene Lavendelstrauch auf Dich. So schön, so duftend. Der Duft ist so entspannend. Du bemerkst, wie du immer ruhiger wirst. Ganz ruhig.

Pause

Deine Reise geht nun weiter zu der Kräuterwinde. Dort findest Du zwischen Schnittlauch und Petersilie auch Bärlauch, Oregano, Majoran, ebenso Dill, Thymian, Rosmarin und andere Gewürze. Nimm von jeder Pflanze einen Ast mit Blättern und zerreibe die Blätter nacheinander zwischen Deinen Fingern und rieche daran.

Pause

Ist das nicht herrlich? Welche Duftvielfalt!

Du genießt es weiter, so von Pflanze zu Pflanze und Blüte zu Blüte zu gehen, um diese tollen Düfte zu erleben. Lass Dir Zeit dabei!

Lausche auch auf das Summen der Insekten, das Vogelgezwitscher, dem Rauschen des Windes.

Ich gebe Dir noch etwas Zeit, dies alles zu erleben.

Große Pause

Komme nun langsam wieder von der Wiese zurück in den Alltag, nimm die Entspannung und die tollen Eindrücke mit, wenn Du Dich jetzt streckst und reckst, ganz tief ein- und ausatmest und dann die Augen öffnest.

Lasst uns gleich gemeinsam besprechen, was ihr alles erlebt habt.

Tier-Yoga

Innerhalb der Yoga-Asanas (Oberbegriff für alle Yoga-Körperhaltungen) finden wir viele Übungen, die mit Tierbezeichnungen benannt sind. Teilweise sind es auch Abwandlungen der Asanas. All diese lassen sich im Einzelnen als aufeinander folgende Übungen durchführen oder auch in Tiergeschichten verpacken, in denen die Kinder beim Erzählen, nachdem sie die Tiernamen gehört haben, die Asanas einnehmen, oder jeweils ein Kind für ein bestimmtes Tier steht und dann im Laufe der Geschichte dieses Asana einnimmt, wenn das Tier genannt wird. Toll ist es, wenn Sie einen Erwachsenen mit einbeziehen können, der selbst Yoga praktiziert, vielleicht sogar einen Seminar- oder Lehrerschein für Kinder-Yoga hat.

Yoga- oder Gymnastikmatten sollten den Kindern zur Verfügung stehen.

Sie finden zu dem jeweiligen „Tier" die Ausführung und eine kurze Beschreibung der Wirkweise, die jedoch keinen Anspruch auf Vollständigkeit erhebt, da die Asanas auf vielen Ebenen wirken. Sie soll Ihnen jedoch eine kleine Hilfestellung zum Verständnis sein.

Grund- bzw. Ausgangspositionen neben dem aufrechten Stand:

Vierfüßlerstand: Wir gehen auf die Knie, sodass von Rumpf zu Oberschenkel und von Oberschenkel zu Unterschenkel jeweils ungefähr ein rechter Winkel entsteht. Die

Hände berühren die Matte, wobei auch hier Rumpf und Oberarm einen rechten Winkel bilden.

Fersensitz: Wir gehen auf die Knie, setzen uns mit dem Po auf die Unterschenkel bzw.

Fersen. Der Oberkörper ist noch aufrecht, wird dann je nach weiterem Übungsvorgang nach vorn gebeugt oder bleibt in der Ausgangsstellung, und die Armhaltung wird verändert.

Der Bär

Unsere Ausgangsposition ist hier der Vierfüßlerstand, aus dem wir die Beine strecken, sodass der Po zum „Himmel" zeigt. Die Füße sollten nach Möglichkeit ganz flach auf dem Boden stehen. Ggf. müssen die Hände noch etwas zu den Füßen „wandern".

Die Durchblutung des Kopfes wird angeregt, deswegen auch Achtung bei Bluthochdruck, der könnte sich verstärken. Beine und Arme werden gestärkt, Waden, Bein- und Rückenmuskulatur gedehnt.

Variante „Laufen im Bär": In der Position des Bären versuchen wir zu laufen, was Bein- und Armkoordination positiv beeinflusst.

Der Hund

Ausgangsposition ist auch hier wieder der Vierfüßlerstand. Wie beim Bär strecken wir die Beine, dieses Mal auf den Zehen stehend, den Po nach oben und etwas nach hinten. Der Kopf wird etwas zum Rumpf gebeugt, sodass die Schultern sich dehnen und man gut durchgestreckt ist. Dabei werden auch die Fersen zum Boden gedehnt.

Die Wirkung ähnelt der des Bären.

Die Katze

Der Vierfüßlerstand ist die Grundposition für die Katze. Dabei wird nun wechselnd der Rücken nach oben zu einem „Katzenbuckel" rund gemacht, während der Kopf nach vorn gegen den Brustkorb gebeugt wird. Dann wird der Rücken im Hohlkreuz durchhängen gelassen, wobei der Kopf sich nach oben richtet.

Dehnung von Rücken und Brustkorb sind unter anderem das Ergebnis dieser Übung.

Die Schlange

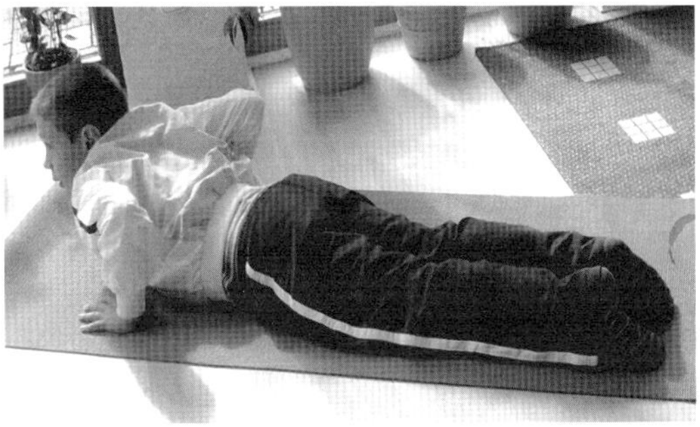

Wir legen uns auf den Bauch, während die Handflächen ungefähr in Brusthöhe aufgestützt werden. Die Arme drücken nun den Brustkorb ab. Der Kopf ist dabei angehoben. Es sollte nun versucht werden, dass der Oberkörper so wenig wie möglich auf den Armen und Händen lastet. Besser noch, er kann fast selbst hochgehalten werden. Sollte man den Oberkörper noch weiter anheben wollen, muss man bedenken, dass evt. der Lendenwirbelbereich zu stark belastet wird.

Der Brustkorb wird gedehnt, die Arme und der Rücken gestärkt.

Das Krokodil

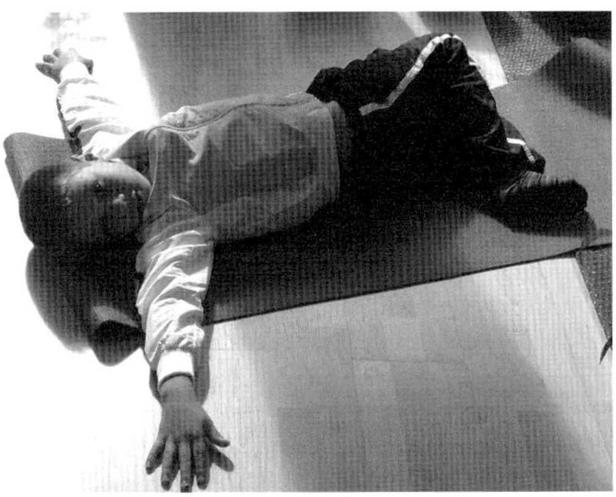

Diese Übung beginnen wir in der Rückenlage. Die Füße stehen auf dem Boden, also angestellte Beine. Die Arme strecken wir zu den Seiten aus, während der Kopf in der Mitte nach oben schauend ruht. Von dieser Ausgangsposition aus verändern wir uns zum eigentlichen Krokodil. Der Kopf dreht sich zur rechten Seite, während die Knie zur linken Seite kippen. Dann geht es jeweils in die entgegengesetzte Richtung. Das heißt, der Kopf wird zur linken Seite gedreht und die Knie kippen nach rechts. Dies geht nun immer im gleichmäßigen Wechsel, am besten im Atemrhythmus als Impulsgeber.

Dehnung u. a. des Rückens, der Beine, Arme und des Nackens sind das Ergebnis, aber auch Ruhe und Entspannung.

Der Hase

Wir gehen in den sogenannten Fersensitz, d. h. wir knien uns so hin, dass wir auf den Fersen sitzen, ggf. müssen die Füße etwas auseinander liegen. Nun wird der Oberköper nach vorn gebeugt, sodass die Stirn die Unterlage berührt. Die Hände werden über dem Rücken verschränkt, wobei sie sich anfassen. Dann ziehen wir die Hände, soweit es noch angenehm möglich ist, Richtung Kopf und halten diese Position einen Moment. Man kann auch so variieren, dass man den Po beim Armanheben mit hochhebt und den Kopf noch weiter über die Stirn nach vorn rollt. Bei Bluthochdruck ist jedoch mit dieser Variante Vorsicht geboten.

Dehnung und Kräftigung von Schultern, Nacken und Rücken. Kann einer vornüber gebeugten Haltung entgegenwirken, da die Brustmuskeln gut gedehnt werden.

Die Schnecke

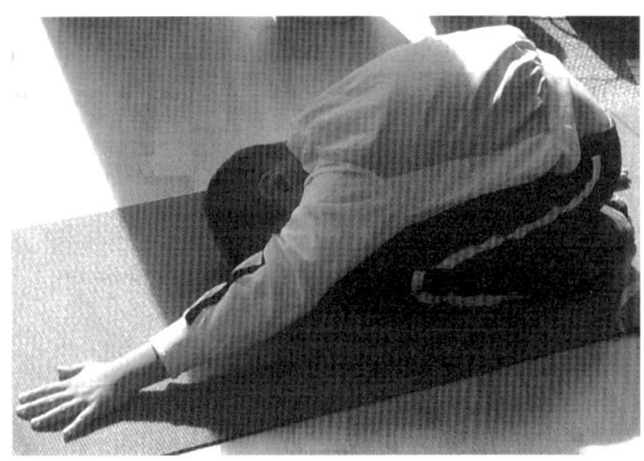

Ausgangshaltung ist wieder der Fersensitz, aus dem sich nach vorne gebeugt wird. Die Stirn berührt dabei die Matte. Den rechten Arm strecken wir ganz weit nach vorne neben den Kopf. Der linke liegt locker nach hinten neben dem Körper. Die Arme werden zwischendurch gewechselt

Die Dehnung geht jeweils über die Diagonale und beansprucht daher rechte und linke Gehirnhälfte.

Der Igel

Auch hier ist der Fersensitz die Grundhaltung. Der Oberköper ist nach vorn gebeugt, sodass die Stirn die Unterlage berührt. Die Hände werden mit gespreizten Fingern neben dem Rücken hochgestreckt.

Dehnung des Rückens wie der Hände bzw. Finger.

Der Vogel

Im aufrechten Stand beide Arme waagerecht in Schulterhöhe zur Seite strecken und dabei auf die Zehenspitzen stellen. Während des Stehens auf den Zehenspitzen ein Aaa tönen. Im weiteren Verlauf werden die Hände mit ausgestreckten Armen vor der Brust zusammengeführt, sodass sich die Handflächen berühren. Die Fußsohlen werden wieder flach auf den Boden gestellt, während ein Ooo getönt wird. Dies erfolgt nun im mehrfachen gleichmäßigen Wechsel.

Stärkung und Dehnung der Bein-, Arm-, Schulter- und Brustkorbmuskulatur mit Schulung der Koordination, des Gleichgewicht und der Atmung.

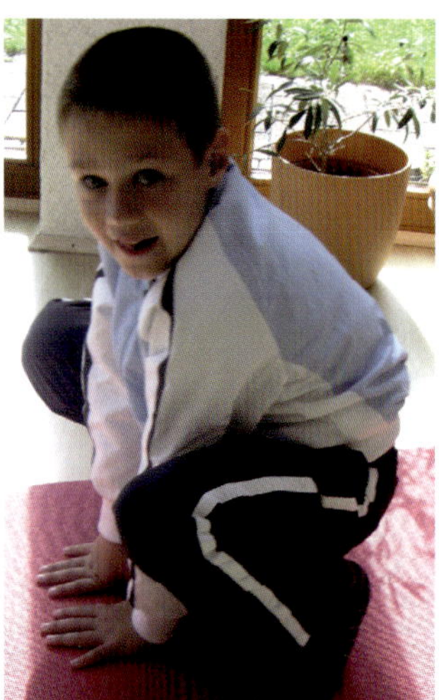

Die Krähe

Während die Füße ca. schulterbreit auseinander aufstehen, gehen wir langsam in die Hocke und achten darauf, dass die Fußsohlen fest aufstehen. Die Wirbelsäule sollte nach Möglichkeit aufrecht bleiben. Die Oberarme liegen locker auf/an den Oberschenkeln und die Hände hängen nach vorn, sodass sie den Boden locker berühren. Mehrfach tief ein- und ausatmen. Danach wieder langsam zum Stehen kommen.

Wir dehnen den ganzen Körper dabei.

Der Adler

Mit hüftbreitem, aufrechten Stand breiten wir die Arme seitlich aus. Dann drehen wir den Oberkörper im Wechsel zur rechten und linken Seite.

Dehnung des Brustkorbes, Lockerung der Rückenmuskulatur und Stärkung von Armen und Schultern.

Die Möwe

Vom aufrechten Stand ausgehend beugt man sich mit seitlich ausgestreckten Armen nach vorne. Mit den Armen leicht schwingen und den Oberkörper dabei leicht hoch und nach unten bewegen.

Muskelstärkung des Rückens. Dehnung der Beinmuskulatur.

Die Taube

Im Fersensitz und aufrechtem Oberkörper werden die Handflächen neben die Knie auf den Boden gelegt, das rechte Bein ganz weit nach hinten gestreckt. Dann heben wir die Arme seitlich neben dem Körper in die Waagerechte. Wir gehen wieder in umgekehrter

Reihenfolge in die Ausgangsposition zurück und machen die Übung nun mit dem linken Bein.

Übung von Koordination und Gleichgewicht wie auch Dehnung und Stärkung von Rücken-, Bein- und Brustmuskulatur.

Der Schmetterling

Man setzt sich aufrecht auf den Boden mit den Fußsohlen aneinander. Die Hände umfassen die Füße, und die Knie sind nach außen gedehnt. Dann werden die Knie immer wieder auf und ab bewegt, als wenn die Flügel eines Schmetterlings flattern.

Dehnung der Beinmuskulatur und Leisten.

Der Löwe

Der Löwe beginnt im Fersensitz mit aufrechter Wirbelsäule. Die Arme werden nach vorn ausgespreitzt, wobei die Finger ausgestreckt sind. Der Mund ist weit geöffnet und die Zunge herausgestreckt, während die Augen ganz weit aufgerissen werden.

Dehnung der Arme und Hände. Aufrichtung der Wirbelsäule, Training der Gesichtsmuskulatur.

Der Fisch

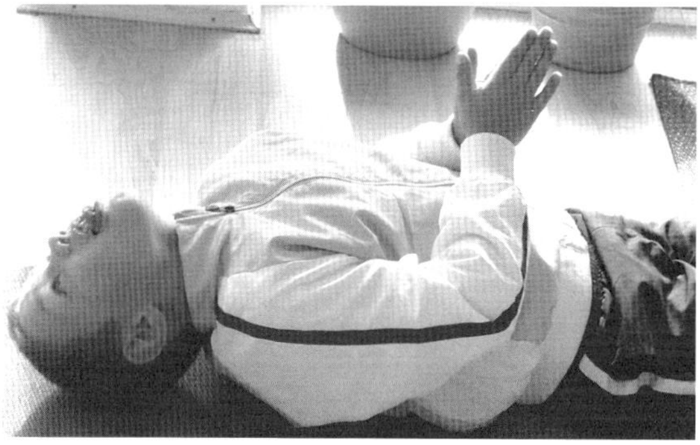

Ausgangsposition ist bei der Fisch-Übung die Rückenlage. Die Beine liegen leicht auseinander und die Fußspitzen sind nach vorn gestreckt. Während der Rücken einen ganz starkes Hohlkreuz bildet, wird der kopf relativ stark in den Nacken gelegt. Doch Achtung: Der Kopf darf nicht zu stark mit Gewicht belastet werden! Die Schulterblätter werden im Rücken zusammengezogen und die Handeflächen vor dem Brustkorb zusammengeführt.

Dehnung von Rücken, Brustkorb und Bauchmuskulatur.

Der Frosch

Ausgangsposition ist die Hocke, wobei die Knie nach außen zeigen und der Rücken autrecht ist. Die Handflächen sind vor dem Brustkorb aneinandergelegt, die Ellbogen zeigen nach außen. Dann werden die Beine gestreckt und die Hände nach oben über den Kopf gerichtet. Nun geht es wieder in die Hochposition mit den Händen vor der Brust. Dies nun immer wieder im Wechsel ausführen.

Stärkung der Beinmuskulatur und Schulung des Gleichgewichtes sind u. a. das Ergebnis dieser Übung.

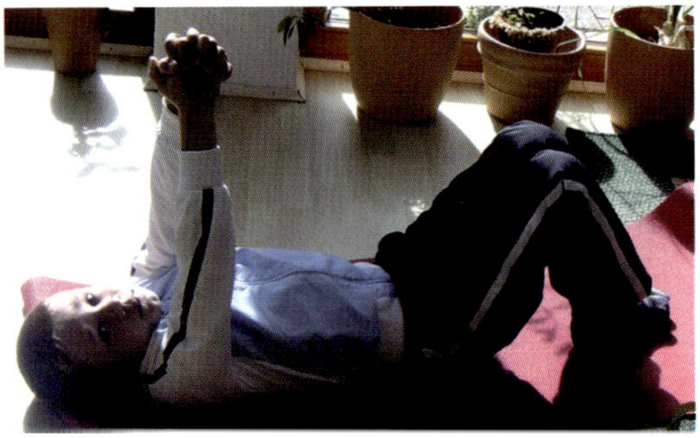

Die Muschel

Auf den Rücken legen und die Füße aufstellen, um nun die Knie seitlich auseinander fallen zu lassen. Die Arme werden vom Körper seitlich abgestreckt. Am besten folgt man nun dem Atem. Beim Einatmen heben sich die Knie und Arme über den Körper an, sodass sich jeweils die Knie und Handinnenflächen berühren. Beim Ausatmen gehen Knie und Arme wieder zur Seite. Dies nun mehrmals im Wechsel mit dem Atemrhythmus ausführen.

1. Geschichte zum „Tier-Yoga"

Besuch im Zoo

Wählen Sie für die entsprechenden Tiere jeweils Kinder aus oder lassen Sie alle Kinder an der Stelle, an der ein Tier benannt wird, die entsprechende Yoga-Haltung einnehmen.

Vielleicht möchten Sie auch noch zwei oder drei Kinder wählen, die die Besucher darstellen und von einem Tier zum anderen wandern. Natürlich dürfen auch diese Kinder die Tierhaltungen einnehmen. Hier tauschen Sie dann einfach die Namen aus.

Vor dieser Geschichte sollten alle genannten Tiere den Kindern selbstverständlich bekannt sein. Erzählen Sie die Geschichte ruhig und langsam mit genügend Pausen bei den Tierbezeichnungen (– – –). Unterstützen Sie die Kinder dabei, die Haltung einzunehmen, wenn sie sich nicht sicher sind, ob oder welche Haltung dorthin gehört.

Verändern Sie nach Bedarf die Geschichte oder kürzen Sie sie, wenn sie Ihnen zu lang für Ihre Gruppe erscheint. Es sollten für alle Kinder Yoga- oder Gymnastikmatten bereitstehen.

Die Geschichte:

Tim und Sarah besuchen heute mit ihrer Gruppe den Zoo. Seit Tagen freuen sie sich schon darauf, denn so ein Zoobesuch ist doch schon etwas ganz Besonderes.

Der Eintritt ist an der Kasse bezahlt und nun kann es losgehen.

Der erste Weg führt sie zu den Vogelvolieren – – –. Hier in diesen großen Vogelkäfigen – – – befinden sich viele Vögel – – –: Tauben – – –, Adler – – –, Möwen – – – und viele andere Vögel – – –. Zwischendurch fliegt hier und da mal ein Schmetterling – – –.

Die Tauben – – – gurren und ziehen gemeinsam ihre Runde durch den großen mehr als haushohen Vogelkäfig – – –.

Ein großer Adler – – – sitzt oben auf einem Felsen und beobachtet die Umgebung. Ein weiterer Adler – – – fliegt mit seinen großen Schwingen durch die Luft und landet auf einem Baum. Schön ist es anzusehen, wie der Adler – – – fliegt.

Am Ufer des kleinen Sees im großen Vogelkäfig – – – sitzen auf einem Holzzaun einige Möwen – – – .

Die Kinder staunen, als eine Möwe – – – im Sturzflug in den See saust und mit einem Fisch im Schnabel wieder auftaucht. Zufrieden setzt sich die Möwe – – – auf einen Baumstumpf und verspeist genüsslich den eben gefangenen Fisch – – – .

Noch eine Weile schauen sie dem Treiben zu, bevor sie weiter in den Schmetterlingskäfig – – – gehen.

Damit keine Schmetterlinge – – – hinausfliegen können, muss man erst durch einen Vorraum gehen und die Tür gut hinter sich schließen, bevor man dann durch eine weitere Tür zu den Schmetterlingen – – – darf. Hinaus geht es nachher umgekehrt genauso.

Hier im Schmetterlingsgehege – – – fliegen ganz viele Schmetterlinge – – – zwischen den Blumen und anderen Pflanzen umher. Bekannte Schmetterlinge – – – und ganz fremde, die die Kinder noch nicht kennen. Ein Mann vom Zoo erzählt ganz viel Interessantes zu den unbekannten Schmetterlingen – – – , wo sie herkommen, wie sie heißen und vieles mehr.

Nach dem Besuch im Schmetterlingskäfig – – – wandern Sarah und Tim mit ihren Freunden weiter zum Terrarium, wo sie die Schlangen – – – bestaunen wollen. Ihre Erzieherin liest ihnen vor, was zu den verschiedenen Schlangen – – – dort auf einem kleinen Schild geschrieben steht. Die eine Schlange – – – sei eine Würgeschlange – – – , die andere eine Giftschlange – – –. Manche der Schlangen – – – haben sich um Äste der Bäume geschlängelt, während andere Schlangen – – – sich auf dem sandigen Boden fortbewegen.

An der Scheibe des Terrariums können sie auch eine Schnecke – – – beobachten. Die Schnecke – – – hat schon einen ganz weiten Weg zurückgelegt, das kann man an ihrer schleimigen Spur erkennen. Auch Muscheln – – – können im Wasser des Beckens erkannt werden.

Nach dem ausgiebigem Betrachten des Terrariums geht es nun gemeinsam weiter in den Außenbereich, wo das Krokodilbecken – – – , ein Fischteich – – – , das Löwen- – – – und das Bärengehege – – – angeschaut werden wollen.

Im Krokodilbecken – – – schwimmen behäbig vier große Krokodile – – – . Eines der Krokodile – – – reißt ganz groß sein Maul auf. Das sieht gefährlich aus. Ab und zu sieht man zwischen den Krokodilen – – – ein paar Fische – – – schwimmen. Die Fische – – – dienen den Krokodilen als Nahrung. Nun watscheln zwei Krokodile – – – langsam aus dem Wasser, um sich auf der Wiese in der Sonne zu baden. Einem Krokodil – – – fliegt ein Vogel – – – auf den Kopf. Das sieht lustig aus.

Im Bärengehege – – – geht es ganz gemütlich zu. Die Bären – – – haben eben ihre Mahlzeit vom Tierpfleger bekommen und sind nun so richtig satt. Faul liegen die Bären – – – herum und räkeln sich in der warmen Sonne. Nur die Bärenjungen – – – spielen im Schatten eines großen Baumes ausgelassen miteinander. Die Kinder haben ihren Spaß beim Anblick der süßen Bärenjungen – – – und können sich gar nicht satt sehen. Die Erzieherin muss sie schon langsam zur Eile anmahnen, damit sie auch noch den schönen Fischteich – – – und das Löwengehege – – – zu Gesicht bekommen, denn bald fährt auch schon wieder der Bus zurück.

Und so geht es nun weiter zum Löwengehege – – –. Hier geben sich die Könige der Tiere die Ehre. Majestätisch stolzieren die Löwenmännchen – – – durch das Gehege. Etwas zurückgezogen sind die Löwendamen – – – und die Löwenkinder – – –. Was haben diese Löwen – – – doch für tolle wuschelige Mähnen! Herrlich! Eigentlich richtig zum Knuddeln, diese Wildkatzen – – –. Doch sollte man es wirklich wagen? Besser nicht, man weiß ja nie! Aber toll sind diese Löwen – – – doch, finden die Kinder. Ganz rote Wangen haben sie schon vor lauter spannenden Erlebnissen.

Doch jetzt zum Erfrischen noch an den Fischteich – – –! Eigentlich sind es ja mehrere, da sich nicht alle Fische – – – miteinander vertragen und somit nur die Fische – – – miteinander in ein Becken kommen, die sich auch mögen. In einem Teich sind Goldfische – – –. Es gibt neben Karpfen und Forellen auch ganz besondere Fische – – –, die bunt und exotisch ausschauen. Hier bei den Außenbecken der Fische – – – gibt es auch noch ein kleines Fischhaus, – – – in welchem besondere Fische – – – in Aquarien anzusehen sind. Auch dieses Haus besucht die Gruppe noch. Neben den vielen schillernd bunten, aber auch einfach schwarzen Fischen – – – gibt es in den Aquarien auch verschiedenste Sorten von Muscheln – – –, die sich sogar öffnen und schließen. Das haben die Kinder noch nie gesehen! Einfach wunderbar, da bekommt man Augen und Mund nicht mehr zu vor Staunen!

Doch leider neigt sich nun schon der Zoobesuch dem Ende zu. Die Kinder mit Tom und Sarah müssen jetzt Abschied nehmen von den Vögeln – – –, Schmetterlingen – – –, Krokodilen – – –, Bären – – –, Löwen – – –, Schlangen – – –, Fischen – – –, Muscheln – – – und allem, was sie sonst noch so begeistert hat.

Sie gehen zum Ausgang des Zoos, wo schon der Bus auf sie wartet. Eins ist klar: Jetzt haben sie viel zu erzählen.

Du doch bestimmt auch?

Dann lass uns das tun!

2. Geschichte zum Tier-Yoga"

Die Waldwiese

Ausführung: Siehe „Besuch im Zoo"

Ein Kind kann die Rolle des Försters übernehmen und sich auf einen Stuhl (Hochsitz) setzen, um die „Tiere" zu beobachten.

Die Geschichte:

Heute Morgen ist Förster Hans ganz früh aufgestanden, um auf eine Waldwiese in seinem Revier zu gehen. Er möchte dort von seinem Hochsitz aus die Tiere des Waldes beobachten. Sein Wald ist in den Bergen, sodass er auch einen tollen Ausblick zu den Bergwänden hat.

Eine Jagd steht heute nicht an, deswegen hat er auch nur seinen Rucksack mit Proviant und Fernglas dabei und kein Gewehr.

Im frühen Morgenrot schleicht der Förster nun auf die Wiese, um die Tiere nicht zu erschrecken. Immer wieder hört er zwischendurch Vögel – – – ihre Morgenlieder singen. Wie schön das klingt, denn morgens sind noch nicht so viele andere Geräusche in der Natur zu hören. Spaziergänger sind meist noch zu Hause oder sie beobachten genauso ehrfurchtsvoll und leise die Natur wie Förster Hans.

Als Herr Hans auf seinem Hochsitz Platz genommen hat, kann er sehen und hören, wie ein Adler – – – an der gegenüberliegenden Felswand zu einem Morgenflug durch die Lüfte startet. Der Adler – – – schlägt kräftig seine Flügel und hält scheinbar Ausschau nach seinem Frühstück. Ob es für den Adler heute wohl Igel – – – oder Hase – – – gibt? Vielleicht aber auch so eine kleine Schlange – – – oder eine Blindschleiche.

Der Adler – – – ist aber nicht der einzige Vogel – – – in der Luft. Krähen – – – schreien und fliegen umher.

Da! Unten über die Wiese hoppelt eine ganze Hasenfamilie – – –. Achtung! Der Adler – – – setzt zum Sturzflug an. Doch die Hasen – – – haben irgendwie schon gewittert, dass etwas nicht stimmt. Ganz flink schlagen die Hasen – – – Haken und können so dem herabstürzenden Adler – – – entkommen.

Förster Hans packt leise das Fernglas aus, denn er möchte genauer sehen, wo der Adler – – – sein Nest im Felsen hat. Vielleicht gibt es dort ja auch noch Adlerjunge – – – drin.

Während er den Rucksack wieder verschließt, sieht er wie Schnecken – – – an der Innenwand des Hochsitzes kleben. Es gibt Schnecken – – – mit Häuschen und auch Nacktschnecken – – –, die besonders das feuchte Morgenwetter mögen.

In der Felswand kann der Förster nun ganz versteckt den Adlerhorst – – – sehen, doch Adlerjunge – – – kann er leider nicht entdecken.

Unten auf der Wiese sieht er, wie eine Katze – – – scheinbar nach Mäusen sucht.

Obwohl das Revier in den Bergen liegt, in denen es Bären – – – gibt, hat Herr Hans noch nie Bären – – – hier gesehen. Wahrscheinlich verstecken sich die Bären – – – immer vor ihm, oder die Wiese liegt doch zu nahe am Dorf, sodass das Hundegebell – – –, welches öfter zu hören ist, die Bären – – – erschreckt.

Langsam kommt immer mehr die Sonne zum Vorschein und der Tag erwacht allmählich.

In der Ferne ist das Gurren von Tauben – – – zu hören. Auch ein Kuckuck lässt seine Stimme erklingen, und so viele andere Vögel – – – wie Lerchen und Amseln, die in dieses Lied mit einstimmen.

Hier und da hoppelt noch mal ein Hase – – – über die Wiese oder hockt still im Gras. Rehe waren heute leider nicht zu entdecken. Bestimmt beim nächsten Mal wieder.

Förster Hans macht sich nun langsam wieder auf den Heimweg. Vorbei an anderen Wiesen, auf denen mittlerweile schon die Schmetterlinge – – – von Blüte zu Blüte fliegen.

Am Wegrand sieht er einen kleinen Frosch – – – hüpfen, bis er im hohen Gras verschwindet.

Als er an einem Fischteich – – – vorbeikommt, liegt vor ihm auf dem Feldweg eine kleine Ringelnatter. Er nimmt seinen Spazierstock und hebt diese einheimische Schlange – – – behutsam auf die Seite.

Ein Taubenschwarm – – – zieht seine Morgenrunde. Der Taubenzüchter – – – hat den Taubenschlag – – – wohl schon geöffnet.

Herr Hans ist zufrieden mit seinem morgendlichen Ausgang und fühlt sich frisch und leicht wie ein Schmetterling – – –.

Sie sehen, es lassen sich schöne Geschichten rund um Yoga-Übungen finden. Nutzen Sie Ihre eigene Fantasie oder Erlebnisse, um selbst solche Geschichten immer wieder aufs Neue spannend und abwechslungsreich „Ihren" Kindern zu erzählen und mit Bewegung zu verbinden.

Sie können auch ein Heft mit Geschichten anlegen, das Sie mit KollegInnen, die das Gleiche tun, tauschen, sodass noch mehr Yoga-Erzählgeschichten mit vielen weiteren Übungen zur Verfügung stehen.

Spiellied

Zwei kleine Wölfe

Text und Melodie: mündl. überliefert

So geht's:

Die Kinder führen zu diesem Kanon auf die unten beschriebenen Textelemente die beschriebene Bewegung aus.

Zwei: *Fäuste mit beiden Händen bilden und Daumen nach oben zeigen lassen.*

Wölfe: *Beide Hände an den oberen Hinterkopf legen und Zeige- und Mittelfinger, wie Ohren nach oben strecken.*

nachts: *Kopf schräg in die Hände legen und Augen schließen.*

im Dunkeln: *Augen mit einer Hand verdecken.*

Hört: *Hände hinter die Ohren legen, als wolle man die Ohrmuschel vergrößern.*

Einen: *Daumen zeigt nach rechts.*

Anderen: *Daumen zeigt nach links.*

Munkeln: *Hand wie zum Flüstern an den Mund legen.*

Geh'n: *Durch den Raum gehen.*

Wurzel/Pfoten: *Finger beider Hände einkrallen.*

Wenn's nur …: *Hände oberhalb der Augen an die Stirn legen, als ob man in die Sonne schaut.*

Pfeifen: *Pfeifen.*

Sternenlicht: *Es mit den Fingern von oben „rieseln" lassen.*

Spiellied

Wishi ta tuja

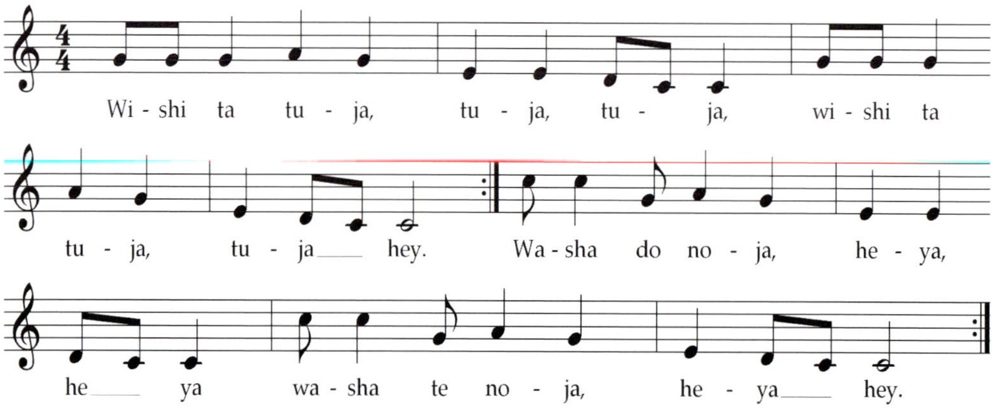

Lied nordamerikanischer Indianer

Dies ist ein Lied, das die Kraft des Wassers mit dem Strom des Lebens vergleicht, ein Lied, das von ruhigen drehenden Wirbeln und reißenden Wasserfällen singt und uns auffordert, Ruhe und Bewegung in Einklang zu bringen.

Singen Sie dieses Lied mit verschiedenen Tempi, also mal langsam, mal schnell und mit unterschiedlichen Lautstärken mal laut mal leise. Sagen Sie den Kindern, dass ihr Gesang wie ein Fluss sein soll, der mal langsam, gemächlich und leise und dann wieder wild, schnell und laut tosend (Wasserfall) fließt.

Im Stehen werden mit den Händen „Wellenbewegungen“ entsprechend des gewählten Fließtempos des Flusses ausgeführt.

Singen wir schneller, gehen die Bewegungen schneller. Singen wir langsamer, sind die Handbewegungen langsamer.

Wie oben beschrieben, variieren Sie auch die Lautstärke des Liedes, um die unterschiedlichen Eigenschaften der Kraft eines Flusslaufes treffend zu beschreiben.

Fahrradfahren

Hier ist eine Übung, die Sie vielleicht schon regelmäßig im Turnunterricht mit den Kindern einbinden.

Hierbei werden Koordination und die Zusammenarbeit der beiden Gehirnhälften geschult. Außerdem lernt man, sich auf den Partner einzulassen und abzustimmen.

Sie benötigen für jeweils ein Pärchen eine Gymnastikmatte.

So geht's:

Die Kinder finden sich – idealerweise – zu gleichgroßen Pärchen zusammen.

Sie legen sich so auf den Rücken, dass sie sich mit angewinkelten Beinen mit den Fußsohlen berühren können. Der Rücken liegt flach auf dem Boden.

Nun werden Beinbewegungen wie beim Fahrradfahren gemacht, das heißt, das eine Kind streckt das linke Bein aus während das andere das rechte einziehen muss. Dies geschieht nun im Wechsel beider Beine.

Es sollte dann auch mal umgekehrt agiert werden. Das heißt, anstatt vorwärts wird nun rückwärts geradelt.

Das Handfahrrad

Diesmal wird nicht mit den Füßen und Beinen gefahren, sondern die Kinder stehen oder sitzenb sich als Pärchen gegenüber mit dem Handflächen aneinander.

Auch hierbei werden Koordination und die Zusammenarbeit der beiden Gehirnhälften geschult.

Die Pärchen haben die Möglichkeit, ruhig und gleichmäßig miteinander zu arbeiten.

Bei solchen Paarübungen ist es auch immer wieder von Vorteil, wenn Kinder zusammengeführt werden, die sich vielleicht sonst aus dem Weg gehen oder von sich aus keine Kontakte miteinder knüpfen.

So geht's:

Immer zwei Kinder stehen oder sitzen aufrecht gegenüber. Es sollte ca. eine Armlänge Abstand zwischen ihnen sein. Ihre Handflächen legen die Kinder nun an die Handflächen des Partnerkindes.

Auch hier machen nun die Hände und Arme Bewegungen wie beim Fahrradfahren, das heißt, so als würde man die Pedale des Fahrrads mit den Händen treten.

Und es darf nun wieder vorwärts und rückwärts geradelt werden.

Überkreuz-Werfen

Das Überkreuz-Werfen dient der Koordination der Arm- und Handmotorik. Die Kinder lernen zum einen gezielter zu werfen, zum anderen werden auch die beiden Gehirnhälften durch das Arbeiten über die Körpermitte angeregt, was Lernblockaden vermeiden bzw. abbauen kann. Somit ist diese Übung auch ein sehr gutes Mittel bei Lese-Recht-Schreibstörungen, die Sie vielleicht auch schon im Vorschulbereich bei manchen Kindern wahrnehmen.

Sie benötigen für jedes Kind einen kleinen weichen Ball, der gut zu fangen ist. Am besten Wutknautschbälle.

So geht's:

Die Kinder finden sich zu Pärchen zusammen und stehen mit etwas Abstand einander gegenüber. Ein Kind hat einen Ball in der rechten Hand, das andere hat ihn in der linken Hand.

Das Kind mit dem Ball in der rechten Hand wirft nun seinen Ball zu dem anderen Kind, damit es den Ball mit seiner rechten Hand fangen kann. Währenddessen wirft das Kind mit dem Ball in der linken Hand seinen Ball zu dem anderen, dass es den Ball mit seiner linken Hand fangen kann.

Dies geht nun stetig im Wechsel so weiter. Jedes Kind sollte versuchen, den Ball so zu werfen, dass das andere ihn fangen kann. Sollte der Ball dennoch nicht gefangen werden, wird das Spiel zum Aufheben des Balls unterbrochen. Dann geht's weiter.

Hampelmann

Die Bewegungsübung des guten alten Hampelmanns erfreut sich heute noch großer Beliebtheit.

In meiner Arbeit mit Kindern habe ich jedoch festgestellt, dass viele Schwierigkeiten haben, den Hampelmann richtig auszuführen. Einige Kinder nehmen die Arme nach oben, während sie die Beine schließen, und öffnen die Beine, während sie die Arme an die Schenkel nach unten führen. Es braucht dann ein langes Üben, um diesen unstimmigen, unkoordinierten Bewegungsablauf zu korrigieren.

Aus diesem Grund ist es empfehlenswert, nach dem unten angeführtem Beispiel einen einfachen Hampelmann zu basteln. Sie können zur Demonstration einen etwas größeren vorbereiten, damit die Kinder an diesem den Bewegungsablauf kennen lernen können, bevor es zum Automatismus des verkehrten Ablaufes kommt. Denn bei diesem Hampelmannmodell, können die Kinder gut beobachten, wie Arme und Beine sich bewegen, wenn man am Faden zieht.

Der Hampelmann kann natürlich auch ein Tier oder eine andere Figur sein.

Hampelmann basteln

Material:

Pappkarton, Malfarben oder Tonpapier, 8 Briefklammern pro Hampelmann, Kleber, Scheren, Wollfäden

So geht's:

Anhand der abgebildeten Schablonen, die Sie vergrößern, auf Pappe die entsprechenden Hampelmannteile malen und ausschneiden lassen.

Die einzelnen Teile mit buntem Tonpapier bekleben oder anmalen lassen. Ein Gesicht, Haare, Hände und Füße aufzeichnen. An den vorgesehenen Stellen (schwarze Punkte) Löcher für die Briefklammern bzw. Fäden (das obere Loch am Oberarm und -schenkel ist immer für den Faden) bohren und dort die Hampelmannteile miteinander befestigen.

Auf der Rückseite das Fadenkreuz entsprechend der Zeichnung verknoten und befestigen. Das heißt, jeweils einen Faden quer von Oberarm zu Oberarm und einen von Oberschenkel zu Oberschenkel locker spannen, sodass die Arme und Beine locker nach unten hängen. Dann am oberen Querfaden einen weiteren Faden in der Mitte festknoten, der dann in der Mitte des unteren Fadens ebenfalls festgeknotet wird und zwischen den Beinen nach unten ca. 5 cm länger als die Beine überhängt.

Kopf

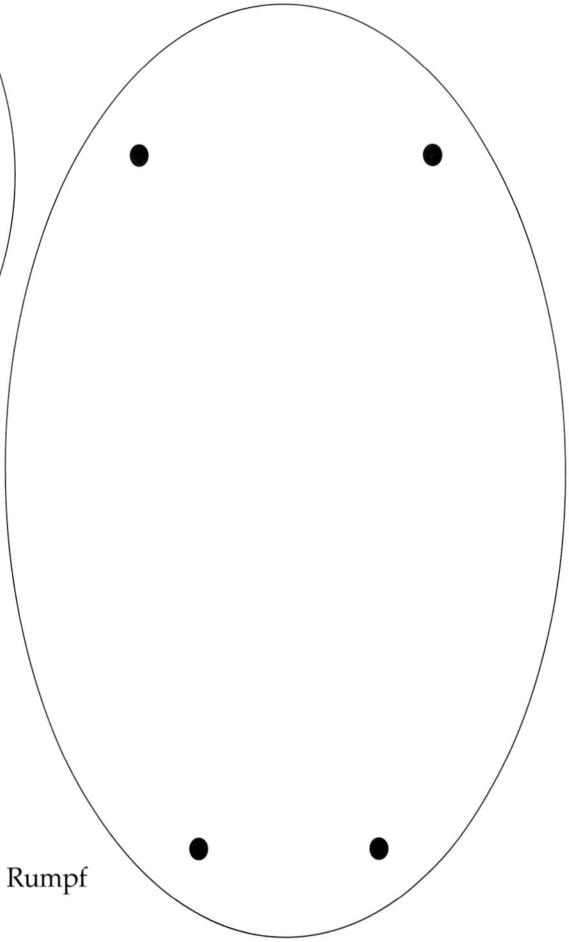

Rumpf

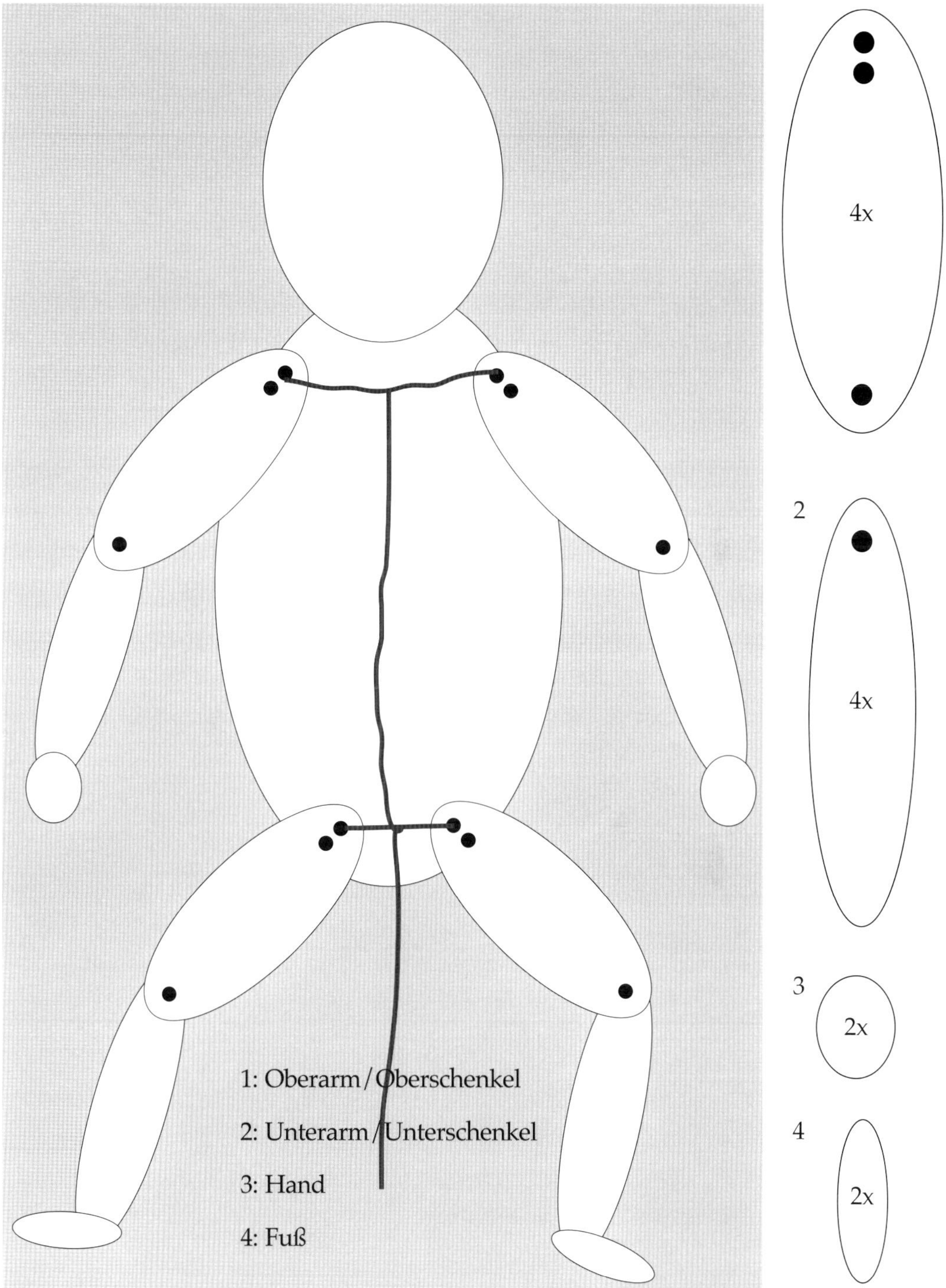
4x
2
4x
3
2x
4
2x
1: Oberarm/Oberschenkel
2: Unterarm/Unterschenkel
3: Hand
4: Fuß

Die Bewegungsübung:

Alle Kinder stellen sich mit genügend Abstand und geschlossenen Beinen und Füßen auf.

Dann – am besten wenn sie am Hampelmannmodell ziehen – springen die Kinder mit dem Füßen auseinander, während die Arme nach oben genommen werden. Die Handflächen dürfen ruhig über dem Kopf zusammenklatschen. Nun Hände und Arme nach unten an die Schenkel nehmen, während mit den Füßen zusammengesprungen wird. Weiter so im mehrfachen Wechsel.

Es ist immer eine gute Grundspannung zu halten. Arme, Hände und Beine sollten nicht schlaff sein.

Tipp:

Auf der CD „Singen und Bewegen" von Detlev Jöcker finden Sie das Spiellied „Konradus Knipperdottel". Es beschreibt die Bewegungen des Hampelmanns Konradus Knipperdottel. Daher eignet es sich sehr gut, um hier eingesetzt zu werden. Die Kinder singen das Lied und machen die im Liedtext beschriebenen Bewegungen.

Dick-und-Doof-Übung

Sicher kennen Sie noch die Schwarz-Weiß-Filme der Komiker „Dick und Doof" mit Stan Laurel und Oliver Hardy. Diese hatten einmal die im Folgenden beschriebene Übung als Gag in einem Film. Aus diesem Grund nenne ich sie „Dick-und-Doof-Übung".

Das Interessante an dieser Übung ist, dass sie vollkommen kinesiologische Aspekte wie das Arbeiten über die Körpermitte aufgreift.

So geht's:

Diese Übung lässt sich im Stehen wie auch im Sitzen gut ausführen.

1. Mit beiden Händen auf die Knie/Oberschenkel schlagen.

2. Arme vor dem Körper kreuzen und mit der rechten Hand an die Nase und mit der linken Hand ans rechte Ohr fassen (s. Foto oben).

3. Mit den Händen und ungekreuzten Armen wieder, wie vorher, auf die Knie/Oberschenkel aufschlagen.

4. Arme vor dem Körper kreuzen und mit der linken Hand an die Nase und mit der rechten Hand ans linke Ohr fassen (s. Foto unten).

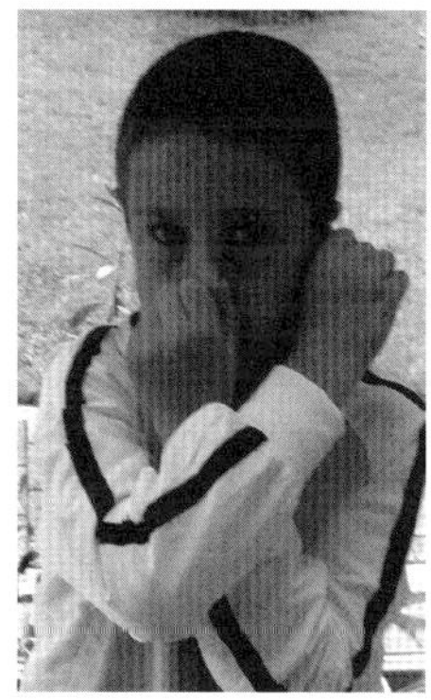

5. Dies nun immer wieder im Wechsel von Position 1. – 4.

Anfangs braucht dies bei vielen Kindern noch etwas länger, bis die Wechsel klar sind, doch mit einiger Übung kann das Ausführungstempo ganz leicht immer mehr gesteigert werden. Später geht es richtig flott vonstatten.

Überkopf-Schwingen

Mit dieser Übung lässt sich die Wahrnehmung der Raumlagen oben und unten, hinten und vorn steigern. Balance und Körperwahrnehmung werden trainiert.

Ausführung:

Wir stehen aufrecht mit hüftbreiten Füßen. Die Kinder beugen sich langsam nach vorn, die Arme und der Oberkörper hängen locker nach unten. Die Knie sind ebenfalls locker.

Die Arme, Hände und den Oberkörper lassen wir nun locker nach links und rechts pendeln, spielen neben dem Hin und Her auch mit dem Oben und Unten. Hierbei bewegen wir auch den Oberkörper und die Arme während des Schwingens locker nach oben.

Variante 1:

Mit gekreuzten Beinen stehen. Das intensiviert die Gleichgewichtsübung noch mehr. Dabei sollte aber die Beinmuskulatur locker und nicht verkrampft sein.

Variante 2:

Arme auch nach hinten hinter den Körper schwingen lassen. Dabei beide Beinvarianten ausprobieren.

Katzen-Wettlauf

In dieser Bewegungseinheit kombinieren wir Katzenlaufen mit Katzbuckeln und Überkreuzübung, sodass stehende und laufende Bewegung bedient werden.

Für die Kommandos sollten Sie sich ein Hinweisschild wie abgebildet basteln. Hierzu benötigen Sie einen Stab, Pappe und ein Katzenmotiv (s. nächste Seite!) sowie Kleber zum Zusammenkleben.

Die einzelnen Aktivitäten:

Auf allen Vieren laufen: Je nach Beweglichkeit sollen die Kinder entweder so „laufen" wie beim Krabbeln oder sich richtig auf die Fußsohlen aufstellen, damit sie auf den Händen und Füßen gleichzeitig laufen können.

Katzbuckeln: In den Vierflüßlerstand (Erklärung siehe beim Tier-Yoga S. 72!) gehen und die Katze aus dem Tier-Yoga dreimal ausführen.

Überkreuzübung: Im Vierfüßlerstand werden der rechte Arm und das linke Bein unterhalb des Körpers zusammengeführt, sodass sich Ellbogen und Knie kurz berühren. Dann werden die rechte Hand und der linke Unterschenkel wieder aufgestellt und das Gleiche mit dem linken Arm und dem rechten Bein gemacht. Dreimal im Wechsel ausführen.

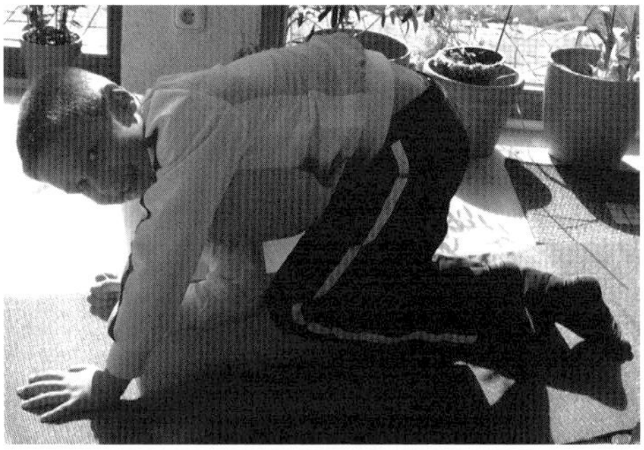

So geht's:

Von einer Startlinie laufen die Kinder wie die Katzen auf allen Vieren.

Sie sollen dabei jedoch darauf achten, wann das Kommandoschild von Ihnen hochgehalten wird, denn dann ändert sich die Aktivität.

Nach dem Auf-Allen-Vieren-Laufen, heißt die nächste Aktivität Stehenbleiben, wenn das Kommandoschild hochgehoben wird und dreimal katzbuckeln sowie danach dreimal die Überkreuzübung ausführen. Wer fertig ist, darf wieder weiter Richtung Ziel auf allen Vieren laufen und muss erneut auf ein Kommando achten.

Wer als erster die Ziellinie überschreitet, hat gewonnen.

Vielleicht winken den „Katzen“ ja ein paar Katzenzungen oder Katzenpfötchen als Belohnung.

Wenn Sie möchten, können Sie auch noch andere Aktivitäten einbauen, wie „Die Katze schleckt Milch“. Hierfür sollten Sie aber weitere Kommandoschilder haben. „Die Katze schleckt Milch“ sieht so aus, dass die Kinder sich in den Fersensitz setzen, die Hände bei den Knien, aufstehen und sich nach vorn beugen, als ob sie aus einem Schüsselchen Milch trinken würden.

Der ganze Wettlauf kann auch noch innerhalb eines Bewegungsparcours erfolgen, in den Sie die Turngeräte als Hindernisse einbauen.

Überkreuzen mit Armen und Beinen

Die Überkreuzübung ist vielen aus der Gymnastik bekannt. Hierbei gibt es diverse Varianten. Eine haben wir schon beim Katzenwettlauf kennen gelernt. Eine weitere erfolgt im Stehen.

Wie beim Katzenwettlauf die Ellbogen und Knie überkeuzen, sodass sie sich berühren und immer wieder die Seiten wechseln. Diese ist schon eine Vorübung für das Folgende.

Oftmals bedarf es einigen Übens, bis die Kinder die Reihenfolge und den Seitenwechsel verstanden haben. Gern benutzen sie die gleichen Seiten, anstatt zu überkreuzen. Haben Sie bitte Geduld und zeigen Sie es den Kindern immer wieder aufs Neue, denn Sie tun den Kindern sehr viel Gutes damit.

Die Überkreuzübung, die wie hierfür jetzt benötigen, geht wie folgt: Die rechte Hand berührt den linken Oberschenkel des angehobenen linken Beines. Dann erfolgt der Wechsel zu linker Hand und rechtem Oberschenkel.

Wenn dies sicher aufgeführt wird, kann zur Erweitung der Übung fortgeschritten werden.

(Anmerkung: Diese Überkreuzungen können Sie auch schon mit den Allerkleinsten auf dem Wickeltisch ausführen. Dazu führen Sie vorsichtig das rechte Knie und die linke Hand sowie rechte Hand und linkes Knie im Wechsel mehrfach zueinander.
Durch dieses Tun bereiten Sie die „Minis" schon auf das spätere Krabbeln vor; denn heute ist es oft so, dass dieser Entwicklungsschritt übersprungen wird und es erst nach dem Laufenlernen zum Krabbeln kommt. Leider haben diese Kinder später oft Konzentrationsschwierigkeiten oder andere Probleme in der Schule. Für die Kinder ist es jedoch gut, einen Entwicklungsschritt nach dem anderen zu tun.
Regen Sie doch auch die Eltern an, diese Übung mit ihren Kleinen zu Hause zu praktizieren.)

Fortführung:

Während oben immer nur eine Hand in Aktion war, kommt nun auch die zweite Hand dazu.

Berührt nun die linke Hand das rechte Knie, wird die rechte Hand an das linke Ohr geführt.

Der Wechsel sieht dann wie folgt aus: linke Hand an das rechte Ohr und die rechte Hand zum linken Knie.

Und das Ganze nun im Wechsel. Erst langsam und später mit immer mehr Tempo.

Natürlich gibt es immer mal wieder noch Verwechsler. Wenn nötig, führen Sie den Kindern einfach die Hände, bis sie die Übung verinnerlicht haben. Ist das erst einmal klar, macht die Übung so richtig Spaß.

Wichtig kann für den einen oder anderen der Hinweis sein, dass man über das Tun gar nicht groß nachdenken soll, sondern einfach macht.

Diese Übung kann morgens auch gut zum Muntermachen für den Tag eingesetzt werden. Geist und Körper werden dadurch aktiviert.

Über die Diagonale strecken

Alle stehen etwas mehr als hüftbreit mit lockeren Knien. Nun werden rechte Hand und rechter Arm schräg nach außen oben gestreckt. Währenddessen streckt sich auch das linke Bein. Der linke Fuß hebt vielleicht etwas vom Boden ab. Es sollte aber noch ein leichter Kontakt zumindest mit den Zehen bestehen. Der rechte Fuß steht fest.

Es sollte sich das Gefühl einstellen, dass sich von der Zehenspitze des linken Fußes bis zu den Fingerspitzen der rechten Hand eine feste, gerade Linie bildet.

Dann geht es wieder in die Ausgangsposition zurück.

Nun wird der Wechsel vollzogen. Wie oben wird die Übung nun durchgeführt, nur dieses Mal strecken sich linker Arm und linke Hand mit dem rechten Bein.

Das darf nun immer wieder gewechselt werden.

Eine Variante wäre, diese Übung auf dem Rücken liegend auszuführen.

Bauch und Kopf

Bei dieser Übung werden verschiedene Bewegungsabläufe mit beiden Händen gleichzeitig ausgeführt.

Auch hierbei ist es gut, den Kopf „auszuschalten" und einfach zu tun.

Wir stehen oder sitzen.

So geht's:

Die rechte Hand berührt leicht die Bauchmitte und beschreibt Kreise im Uhrzeigersinn. Dabei geht die linke Hand zum Kopf und klopft leicht auf den Oberkopf. Eine Zeit lang so weitermachen.

Dann kann umgekehrt auch die rechte Hand Kreise gegen den Uhrzeigersinn beschreiben, während die linke auf den Kopf klopft.

Weiter geht es, indem die linke Hand auf dem Kopf mit und gegen den Uhrzeigersinn dreht und die rechte auf den Bauch klopft.

Später wechseln wir dann die Hände. Die linke Hand liegt nun auf dem Bauch und macht genau das, was erst die rechte getan hat. Die rechte Hand liegt nun auf dem Kopf und tut das, was eben noch die linke Hand praktizierte.

Affengeschrei

Dies ist eine kinesiologische Übung, die zu den allgemeinen Effekten solcher Einheiten auch zur Stärkung des Immunsystems beiträgt, weil die Thymusdrüse durch das Beklopfen besser durchblutet wird.

Auch dient sie dazu, aufgestaute Emotionen abubauen.

So geht's:

Wir stehen im stabilen hüftbreiten Stand. Und dann geht es los! Die Fäuste trommeln auf den Brustkorb, vorzugsweise immer auf das Brustbein, in dessen Bereich die Thymusdrüse liegt.

Hierbei darf dann lauthals geschrieen werden.

Ideal ist diese Übung auch für Kinder mit geringem Selbstwertgefühl, denn man macht sich groß, man lässt von sich hören und klopft sich mit Machtgehabe den Brustkorb, wodurch man sich größer fühlt.

Also ruhig öfter mal am Tag machen lassen!

Verdrehte Arme

Eine ebenso effektive wie lustige Übung, die auch Geschicklichkeit und ein bisschen die Gelenkigkeit beansprucht.

Ausführung:

Ob diese Übung im Stehen, Sitzen oder Liegen ausgeführt wird, ist unerheblich. Bieten Sie sie einfach in den verschiedenen Möglichkeiten an, dann wird es abwechslungsreicher.

Die Arme überkreuz halten, sodass die Handinnenflächen zu einander zeigen. Die Finger, wie zum Gebet ineinanderfalten.

Nun die Hände nach unten Richtung Körper drehen. Vor dem Körper hochführen, sodass sie wieder nach vorne zeigen und die Arme „verknotet" sind.

Partnermassage

Die (liegende) Acht-Massage

Die liegende Acht ist den meisten bekannt in ihrer Ausführung und Wirkung.

Wir verwenden sie nun zur Körpermassage.

Die Kinder finden sich zu Pärchen zusammen. Für jedes Pärchen liegt eine Matte bereit.

Auch mit dem Kleinsten können Sie diese als liebevoll empfundene Massage spielerisch durchführen.

Ausführung:

Eines der Kinder legt sich hin. Das andere beginnt mit der Massage. Jede Acht wird mehrfach wiederholt.

Für das Gesicht kann es angenehm sein, mit einem guten Öl zu arbeiten. Es empfiehlt sich ein Lavendelöl, weil es entspannt und zusätzlich die Konzentration fördern soll. Verwenden Sie aber nur ein paar Tropfen zum sanfteren Gleiten über die Haut. Achten Sie dann auf evt. Allergien bezüglich Ölen und deren Inhaltsstoffe.

Begonnen wird im Gesicht. Hier fahren wir in einer Acht um die Augen, wobei der Kreuzungspunkt auf dem Nasenbein zwischen den Augenbrauen liegt. Es darf auch ruhig einmal die Richtung gewechselt werden.

Das Kind, das massiert wird, wird sich genüsslich fallen lassen können und die Augen schließen.

Die nächste Acht wird nun über Mund und Nase gemalt, das heißt, der obere Punkt ist die Nasenwurzel und der untere das Kinn. Hierbei liegt der Kreuzungspunkt unterhalb der Nase.

Weiter geht es zu den Wangen und Augen. Die Acht wird jeweils über Auge und Wange gemalt, der Kreuzungspunkt befindet sich unterhalb des Auges. Führen Sie die Übung ruhig mehrfach aus.

Auf der Stirn wird ebenfalls im Liegen massiert. Danach geht es weiter zum oberen Kopf. Hier wird die Acht zum einen der Länge nach, also von vorn nach hinten, und zum anderen quer über die Kurzseite gezeichnet.

Vom Kopf aus geht es zum Rumpf. Hier liegt die Acht mit ihrem oberen Punkt auf dem Brustbein und dem unterem auf dem Schambein. Der Kreuzpunkt befindet sich um den Rippenbogen.

Danach sind die Arme an der Reihe. Über den ganzen Arm wird die Acht vom Schultergelenk bis zum Handgelenk mit Kreuzungspunkt Ellbogen gemalt.

Danach führen wir die Acht über die Handinnenflächen von den Fingerspitzen mit Kreuzung in den Fingerwurzeln zum Handgelenk.

So geht es an den Beinen und Füßen weiter. Bei den Beinen sind die Knie der Kreuzungspunkt, auf dem Fußrücken die Fußmitte.

Jetzt dreht sich das Kind auf den Bauch, und wir können auf dem Rücken weiter unsere Achten vom Nacken bis zum Steiß massieren.

Auch die Armrückseiten und Handrücken kommen an die Reihe, ebenso wie die Beinrückseiten und Fußsohlen.

Bauch und Rücken dürfen gerne mit den ganzen Handflächen massiert werden. Bei Gesicht, Kopf, Armen, Händen, Beinen und Füßen geht es besser mit den Fingerspitzen.

Nach erfolgter Massage noch ein paar Mal mit beiden Handflächen vom Oberkopf über Nacken, Rücken, Po und Beine bis zu den Zehenspitzen ausstreichen.

Nun darf gewechselt werden. Das massierte Kind sollte sich jedoch genug Zeit zum Aufstehen nehmen.

Tierischer Bewegungsparcour

Material:

Turngerät und Matten, Obst- und Gemüse-Fingerfood von folgenden Obst- und Gemüsesorten: Banane, Möhre, Apfel, Erdbeere, Beeren (z. B. Himbeere, Heidelbeere), dazu noch Brotstücken und für jedes Kind ein Becherchen (laktosefreier) Milch
Die Lebensmittel klein geschnitten in Dessertschalen füllen.

Ziel dieses Spiel ist es, dass die Kinder versuchen, sich wie die unten genannten Tiere durch den Parcour zu bewegen. Am Ende erhält jedes Kind eine Belohnung in Form einer Leckerei (s. o.!), die dem entspricht, was dieses Tier in der Regel frisst. Jeder Abschnitt wird von Ihnen mit einem entsprechenden Tierbild gekennzeichnet.

Elefant:
Der Elefant trötet laut, verschränkt seine Arme zum Rüssel, indem er einen Arm weit ausstreckt und den anderen von unten herum fasst, um sich mit dieser Hand an der Nase zu berühren. Stampfend läuft er eine vorgeschriebene Strecke. *Belohnung: Apfel*

Affe:
Er darf mit Affengebrüll und hängenden Armen durch den Raum laufen und an der Kletterwand hangeln. *Belohnung: Banane*

Hase:
Er hoppelt über Gymnastikmatten, vielleicht sogar im Wettrennen mit anderen Hasen.
Belohnung: Möhren

Schnecke:
Sie liegt auf dem Bauch um robbt über die Gymnastikmatten unterschiedlicher Höhe.
Belohnung: Erdbeeren

Vogel:
Unsere Vögel flattern mit schwingenden Armbewegungen zwitschernd über die Bank oder einen niedrigen Schwebebalken. *Belohnung: Beeren*

Pferd:
Die Pferde traben und galoppieren über umgedrehte Bänke, wiehern kräftig dabei und dürfen auch im Seitgalopp durch den Turnraum flitzen.
Belohnung: Brotstückchen

Katze:
Schnurrende und miauende Katzen schleichen auf Samtpfoten durch den Raum. Sie springen auch gerne mal über einen Kasten. *Belohnung: Milch*

Es bedarf aber nicht immer eines tierischen Parcours, um den Kindern gesundes Fingerfood anzubieten. Stellen Sie doch einmal welches einfach so in den Gruppenraum.

Fliegende Dose

Ein Koordinationsspiel zum Selbstbasteln. Es gibt zwar auch fertige zu kaufen (s. Foto!), doch selbstgebastelte machen doch immer noch mehr Spaß.

Material:

2 x ca. 1,5 – 2 m Drachenschnur, 1 leere Konserven- oder Getränkepulverdose mit Deckel und Boden, 4 Holzstäbe à ca. 10 – 15 cm mit Loch in der Stabmitte, bunte Aufkleber oder Farbe zum Bemalen

So geht's:

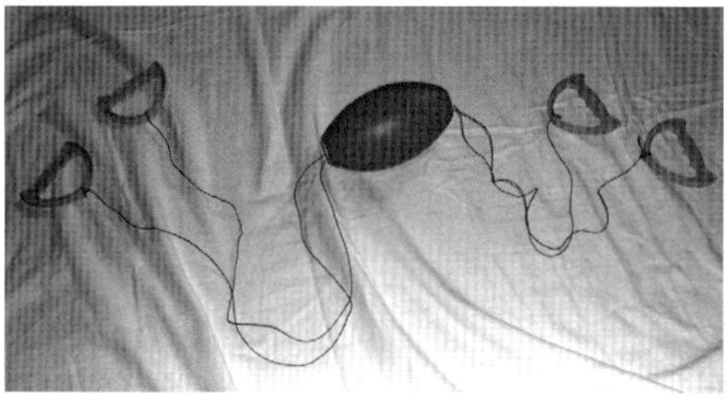

In den Boden und Deckel der Dose jeweils ein Loch in die Mitte bohren, welches von allen Seiten glatt sein sollt, damit später der Faden nicht hängen bleibt.

Dose bunt gestalten.

Die beiden Fäden durch die Dose ziehen und an jedes Schnurende ein Holzstäbchen befestigen. Fertig!

Das Spiel:

Zwei Kinder stehen sich gegenüber und halten in jeder Hand ein Fadenende, die Dose ist nahe bei Kind 1. Beide Kinder halten die Fäden zunächst dicht beieinander. Kind 1 reißt nun ruckartig beide Arme auseinander; dadurch saust die Dose zum gegenüberstehenden Kind 2 (oberes Bild). Jetzt hält Kind 1 die Fäden zusammen und Kind 2 reißt sie blitzartig auseinander, damit die Dose zu Kind 1 fliegt (unteres Bild).

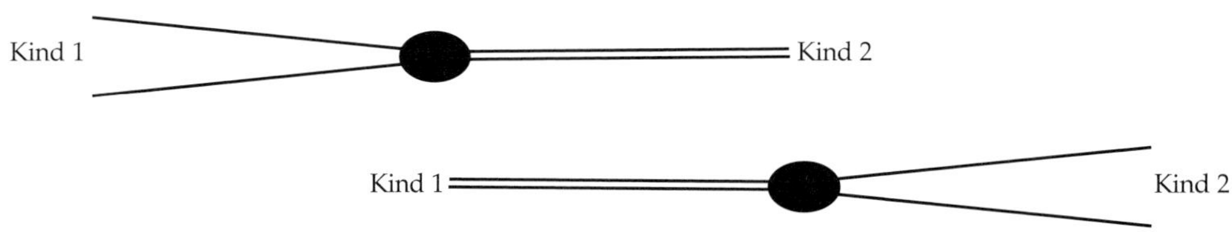

Dies geht nun immer im Wechsel so weiter, damit die Dose im fliegenden Wechsel von einem Kind zum anderen sausen kann.

Wir fördern hier u. a. Geschicklichkeit, Koordination und auch Schnelligkeit. Es muss genau beobachtet und reagiert werden.

Bauchmassage

Mit dieser Massage nehmen die Kinder ihre Körpermitte bewusster wahr, u. a. wird aber auch die Verdauung gefördert.

Wir haben verschiedene Elemente, die aufeinanderfolgend oder einzeln angewandt werden können.

Die Massage erfolgt in Partnerarbeit, oder Sie führen Sie bei den Kleinsten auf dem Wickeltisch oder auch auf einer Matte aus.

Es wird für jedes Kinderpärchen eine Matte benötigt.

So wird es gemacht:

Ein Kind legt sich mit dem Rücken auf die Unterlage.

Kreise um den Nabel:
Das massierende Kind streicht immer mit ein oder zwei Händen im Uhrzeigersinn großflächig rund um den Bauchnabel.

Sonnenstrahlen:
Vom Nabel aus werden nach außen mit den Fingern Sonnenstrahlen gemalt.

Spiralen:
Rund um den Bauchnabelbereich zeichnen die Finger einzeln verschieden große Spiralen immer im Uhrzeigersinn. Es können auch ganz große mit Beginn am Bauchnabel gezeichnet werden.

Krabbelfinger:
Die Fingerspitzen wandern über den Bauch. Auch hier sollte überwiegend die Uhrzeigerrichtung beibehalten werden, um mit dem Darmverlauf zu arbeiten. Hierbei dürfen auch gerne Fingerspielreime wie der der Krabbelkäferfamilie aufgesagt werden.

Querrutsche:
Es wird mit beiden Händen gegenläufig quer über den Bauch massiert. Beginnt die eine Hand auf der rechten Seite und streicht nach links, massiert die andere gleichzeitig von links nach rechts und wieder umgekehrt.

Diagonalrutsche:
Das massierende Kind beginnt bei der rechten Schulter des anderen Kindes, um quer über den Körper zur linke Hüfte zu streichen. Dann massiert es mit seiner linken Hand von der linken Schulter zur rechten Hüfte. So arbeitet es beim massierten Kind und bei sich wieder über die Körpermitte.

Seitenstreichen:
Von den Rippen aus beginnend wird mit sanftem Druck immer wieder mit beiden Händen bis zur Hüfte entlanggestrichen.

Diese Einheiten können selbstverständlich auch auf dem Rücken ausgeführt werden. Als sehr angenehm kann das Liegen des Massierten mit der Bauchseite auf dem Oberschenkel des Massierenden empfunden werden, da so noch etwas Druck auf den Bauch erfolgt.

BÜCHER

Ernst Tumpold, Susanne Wechdorn, C. Feichtenberger
Schulangst – nein danke!
ISBN: 3-426-76134-3

Rosemarie Portmann
Fröhlich, stark und ganz sie selbst
ISBN: 3-7698-1554-8

Prof. Dr. med. Christine Ettrich, Monika Murphy-Witt
ADS – So fördern Sie Ihr Kind
ISBN: 978-37742-5792-4

Ludwig Koneberg, Gabriele Förder
Kinesiologie für Kinder
ISBN: 3-7742-3205-9

Ursula Salbert
Ganzheitliche Entspannungstechniken für Kinder
ISBN: 978-3-936286-90-8

Dimitris Matzarakis
So lernt mein Kind logisch-mathematisch denken
ISBN: 978-3-451-05825-7

Claudia Scharfenstein-Richter, Brigitte Smith
Beten mit Kindern
ISBN: 3-629-00215-3

Dr. Monika Zimmermann
Kinder spielerisch zur Ruhe führen
ISBN: 978-3-7742-5392-7

Margret Angel, Meike Koning
KREISEL: Mir geht's gut – Kinder zu ganzheitlichem Wohlbefinden führen
Dreieck-Verlag, Postfach, D-54459 Wiltingen

Gaby Scheeder **KREISEL Ich finde meinen Weg – Anregungen zur ganzheitlichen Entwicklungsförderung**
Dreieck-Verlag, Wiltingen

Brigitte Meertens **KREISEL Auf Schatzsuche – Ruhe finden mit Musik, Spiel und Bewegung**
Dreieck-Verlag, Wiltingen

Petra Bartoli **KREISEL Mach mir Mut!**
Dreieck-Verlag, Wiltingen

Antje Szillat **Herzpfade gehen – Auf dem Weg zur Herzensbildung**
Dreieck-Verlag, Wiltingen

Musik-CDs

Stephen Janetzko **Augen Ohren Nase – Neue Mitmach-, Lern- und Spiellieder**
Seebär-Musik
www.kinderlieder-und-mehr.de

Detlev Jöcker **Singen und Bewegen**

Internet

www.wir-sind-klasse.de **Bewegungslieder**

www.kinderlieder-und-mehr.de **Spiel- und Bewegungslieder**

www.knigge.de **Benimmregeln**

Bildnachweis
S. 38: Das Bild ist der Buchdeckel eines Kochbuches meiner Oma. Ein Impressum ist dort nicht enthalten. Evt. Rechteinhaber möchten sich bitte mit dem Verlag in Verbindung setzen. S. 43: Mit freundlicher Genehmigung des Freilichtmuseums Roscheider Hof, Konz. Alle anderen: Yvonne Weingarten, Detlef Stammberger und lizenzfrei

Yvonne Weingarten

geb. 1972, verh. und Mutter von drei Kindern (geb. 2002, 2005 und 2011) und einem Sternenkind.
Sie lebt und arbeitet in der Nähe von Frankfurt/M.
Frau Weingarten ist Heilpraktikerin (Psychotherapie) mit div. Zusatzausbildungen. Sie arbeitet seit fast zehn Jahren in ihrer eigenen Praxis, als Dozentin für öffentliche Trägerschaften, Ganztagsschulen, am Fort- und Weiterbildungsinstitut für ErzieherInnen sowie an der größten deutschen Naturheilkundeschule an verschiedenen Ausbildungsstandorten.
Ihre Erfahrungen aus verschiedensten ganzheitlichen Ausbildungen, Gesangsausbildung, Arbeit mit Kindern, Jugendlichen und Erwachsenen das naturnahe eigene Heranwachsen und das ihrer eigenen Kinder fließen mit in ihr Tun ein.
Innerhalb ihrer Tätigkeit ist es ihr ein wichtiges Anliegen, die großen und kleinen Menschen (wieder) auf ihre Bedürfnisse, Körperwahrnehmung und das Leben mit und in der Natur hinzuführen. Die Erfahrungen aus der Praxistätigkeit und im weiten privaten Umfeld haben ihr immer wieder gezeigt, wie wenig Verbundenheit hier z. T. nur noch vorhanden ist und die Wurzeln erst wieder gefunden werden müssen.
Sich wieder auf Gesundheit, Einklang mit sich und der Natur zu besinnen und von dem stetigenden Konkurrenzkampf und der Leistungsorientierung abzuwenden, sind ihr wichtige Ziele.
Im Sommer 2009 erschien ihr bebildertes Gedichtheft „Einen Herzschlag weit".
Im Dreieck-Verlag wurde im Sommer 2010 in der Reihe Kreisel das Buch „Das bin ich" veröffentlicht. Weitere Literatur wird im kommenden Jahr erscheinen.
Die CD „Klangfarben" mit Entspannungs- und Meditationsreisen ist im Handel oder bei Frau Weingarten erhältlich.
Weitere Informationen oder Kontakte unter http://YvonneWeingarten.chapso.de oder YvonneWeingarten@t-online.de

Danksagung

Ganz herzlich bedanke ich mich bei allen, die mich in diesem Projekt so vielfältig Art unterstützt haben. Besonderer Dank gilt meinem Mann, der Unwichtiges von mir ferngehalten und damit den nötigen Freiraum zum Schreiben gegeben hat, meinen Kindern für ihre Inspirationen und Mitwirkung und meinen Models für ihre geduldige Bereitstellung. Vor allem Herrn Stammberger, der geduldig und mit Rücksicht mich unterstützt hat, diese Kreiselausgabe trotz junger Mutterschaft zu einem abgeschlossenen Werk zu bringen.

Neben der Edition Dreieck finden Sie im J. Ch. Mellinger Verlag noch zahlreiche andere Titel, die Ihnen helfen können, Ihre Arbeit zu gestalten. Hier ist eine kleine Auswahl, aus der Sie gerne bestellen können:

Menge

☐ 

Hans Hallodri

Hans ist ein liebevolles Kind, das so allerhand durcheinander bringt. Die Mutter versucht, ihn abzulenken, aber es glückt ihr nicht. Die Hühner im Stall spüren auch seinen Übermut, sodass sie laut auseinanderspringen. Im Hühnerstall wendet sich jedoch die Geschichte und Hans wird zum Retter in der Not. Zum Vorlesen und erstes Lesealter *Best.Nr. 414, 16 S. DIN A6, 2,95 €*

☐ 

Wer kann es erraten?

Ein buntes Rätselbuch für Kinder ab vier Jahren. Ein Buch zum Raten, Staunen und Entdecken. Und auch als Erwachsener darf man gerne mit den Kindern raten! *Best.Nr. 260, 24 S., 12,30 €*

☐ 

Wer wohnt in unserem Garten?

In Sofies Garten geschieht einiges. Sie erlebt wie die Vögel ihre Nester bauen, die Mäuse sich allerhand zu knabbern suchen, ein Kuckuck sein Ei in das Nest der Amsel legt und das dort ausgebrütet wird. Bilderbuch *Best.Nr. 412, 16 S. DIN A6, 2,95 €*

☐ 

Die Geschichte von Sonne und Mond

Eine aufregende Geschichte: Der Mond, der einst jede Nacht geschienen hat, kommt auf einmal nicht am Himmel empor. Die Tierwelt ist in Aufregung, auch der kleine Peter, der doch schon so oft mit dem Mond gesprochen hat. Und so klettert er mutig zum Himmel hinauf, wo der den Mond aufwecken muss, damit er nun, nicht wie früher jede Nacht gleich groß, sondern zu- und abnehmend den Menschen nahe bleibt. Zum Vorlesen und Bilder-Anschauen. *Best.Nr. 298, 22 S., 12,30 €*

☐ 

Die verlorene Murmel

Die vierjährige Lisa hatte zu ihrem Geburtstag vier wunderschöne Murmeln bekommen. Nun konnte sie im Garten mit ihrem Freund Alex herrlich spielen. Aber - oh Schreck - am Abend fehlte eine Murmel. Ihr Schicksal mit den verschiedensten Tieren in der Nacht und das glückliche Auffinden am Morgen im kleinen Teich erzählt der Autor. Die Illustratorin hat dazu ihre farbenfrohen, kindgerechten Bilder gemalt. Zum Vorlesen, Bilderbuch *Best.Nr. 320, 28 S., 12,30 €*

☐ 

Grille und Schmetterling

Die Geschichte vom Tageslauf einer Grille sowie von vielen anderen bunten Tieren der Blumenwiese, die ihr begegnen. Ein bunter Schmetterling tanzt sogar zur Musik der Grille bis tief in die Nacht. Zum Vorlesen. *Best.Nr. 428, 16 S. DIN A6, 2,95 €*

☐ ***Der Hirtenjunge und das Kind***

Passend zum Adventskalender gibt es hier 24 Geschichten. Jeden Tag im Advent kann eine Geschichte vorgelesen und ein Türchen im Kalender geöffnet werden. Die abschließende Erzählung „Der Hirtenjunge Isaak" verbindet alle Teile der Geschichten zum Ganzen und endet mit dem Kommen der Heiligen Könige.

Best.Nr. 399, 98 S., 9,90 €

☐ ***Adventskalender***

zum Buch von Christa Garbe „Der Hirtenjunge und das Kind". An jedem Tag wird ein Türchen geöffnet und je eine Geschichte aus dem Buch erzählt. *Best.Nr. 20641, 43 x 30 cm, 24 Türchen, 7,90 €*

Bestellen Sie per Post, Fax oder E-Mail: *info@mellingerverlag.de*

Ihre Adresse für Ihre Bestellung per Post oder Fax:

Name o. Einr.: ____________________ Vorname: ____________________

Straße: ____________________ PLZ/Ort: ____________________

Tel.: ____________________ E-Mail: ____________________